15 maneras de vivir más tiempo y más saludable

Estrategias transformadoras que proveen
mayor energía, una mente más enfocada
y un alma más tranquila

Joel Osteen

Nashville   New York

OTROS LIBROS DE JOEL OSTEEN EN ESPAÑOL E INGLÉS

Lecturas diarias tomadas de Piense mejor, viva mejor / Daily Readings from Think Better, Live Better

ERES MÁS FUERTE DE LO QUE PIENSAS / YOU ARE STRONGER THAN YOU THINK
You Are Stronger Than You Think Study Guide

USTED PUEDE Y LO HARÁ / YOU CAN, YOU WILL
You Can, You Will Journal
Lecturas diarias tomadas de Usted puede y lo hará / Daily Readings from You Can, You Will

SU MEJOR VIDA AHORA / YOUR BEST LIFE NOW
Su mejor vida comienza cada mañana / Your Best Life Begins Each Morning

Su mejor vida ahora para las madres / Your Best Life Now for Moms
Su mejor vida ahora: Diario / Your Best Life Now Journal
Su mejor vida ahora: Guía de estudio / Your Best Life Now Study Guide
Lecturas diarias tomadas de Su mejor vida ahora / Daily Readings from Your Best Life Now
Scriptures and Meditations for Your Best Life Now
Starting Your Best Life Now

ALGO GRANDE VIENE PARA TI/ YOUR GREATER IS COMING
Your Greater Is Coming Study Guide

CON VICTORIA OSTEEN
Nuestra mejor vida juntos / Our Best Life Together
Despierte con esperanza: Devocional / Wake Up to Hope Devotional

15 maneras de vivir más tiempo y más saludable

FaithWords
Hachette Book Group
1290 Avenue of the Americas, New York, NY 10104
faithwords.com
twitter.com/faithwords

Primera edición: octubre 2023

FaithWords es una división de Hachette Book Group, Inc. El nombre y logotipo de FaithWords corresponden a una marca registrada de Hachette Book Group, Inc.

La editorial no es responsable de los sitios web (o su contenido) que no sean propiedad de la editorial.

El Hachette Speakers Bureau ofrece una amplia gama de autores para eventos y charlas. Para más información, vaya a hachettespeakersbureau.com o envíe un correo electrónico a: HachetteSpeakers@hbgusa.com.

Los libros de FaithWords se pueden comprar al por mayor para uso comercial, educativo o promocional. Para obtener más información, comuníquese con su librero local o con el Departamento de Mercados Especiales de Hachette Book Group escribiendo a: special.markets@hbgusa.com.

A menos que se indique lo contrario, las escrituras mencionadas son paráfrasis del autor sobre el texto bíblico mencionado.

Traducción y corrección en español por LM Editorial Services | lydia@lmeditorial.com, con la colaboración de Belmonte Traductores (traducción del texto)

ISBN: 978-1-5460-0634-3 (tapa blanda) |
E-ISBN: 978-1-5460-0715-9 (libro electrónico)

Impreso en los Estados Unidos de América /
Printed in the United States of America

LSC

Printing 1, 2023

ÍNDICE

INTRODUCCIÓN

Después de uno de nuestros servicios, conocí a un hombre que parecía tener unos setenta años. Fue una sorpresa cuando me dijo que tenía más de cien años. Lo que me asombró no fue solamente que era bien parecido o que tenía un aspecto muy saludable. Fue que estaba lleno de alegría, su mente era lúcida, y lo había estado pasando muy bien con todo el mundo que le rodeaba. Estuvo en la fila casi cuarenta minutos esperando para saludarme. Yo le dije que podríamos haberle acercado una silla para que no tuviera que estar de pie.

«No necesito sentarme», dijo con una gran sonrisa. «Cuando me haga viejo, entonces me sentaré».

«No puedo creer que tenga usted esa edad», le dije yo. «No tiene ni una arruga en la cara».

«Joel», me contestó, «simplemente no me agrieto». Entonces contó dos o tres bromas más. No dejábamos de reír. Cuando se alejó, se volteó y le dijo a todo el mundo: «Nos vemos el próximo año».

Yo esperaba que Dios le diera un año más. Pensé que en sus cien años habría tenido muchos problemas, seguro que personas lo dañaron y que también cometió errores, pero seguía siendo joven de corazón, lleno de fe y de energía. No es extraño que se viera tan saludable, tan feliz y tan fuerte. Tenía un gran sentido del humor y le encantaba reír. Me hizo pensar acerca de toda la sanidad natural de Dios que había sido liberada en él y fluyó por su cuerpo en todos esos años.

Dios nos creó para vivir una vida saludable, abundante, alegre y llena de fe. Nos destinó a que seamos seguros de nosotros mismos, seamos libres, positivos y felices. No nos creó para ir arrastrando los pies, para ser aplastados por nuestros problemas, desalentados y deprimidos por las decepciones, e incluso estar físicamente enfermos porque vivimos muy estresados, tensos y preocupados. Sin embargo, es fácil estar tan enfocados en lo que está sucediendo en nuestra vida, en lo que no tenemos, y en cuán grandes son nuestros obstáculos, que dejamos escapar nuestra alegría y pasión por la vida.

Conozco a algunas personas que realmente se deprimen cada mañana del lunes. No les gustan sus empleos, aborrecen ir al trabajo, y cada semana desarrollan un caso grave de depresión de los lunes. Es extraño que, en varios estudios de diversas poblaciones a lo largo de los años, los investigadores han descubierto que las muertes debidas a ataques al corazón se producen en menor medida los fines de semana, aumentan significativamente los lunes, y vuelven a descender los martes. La mayoría de los investigadores culpan de ese mayor riesgo al estrés de tener que regresar a trabajar el lunes.

Mi padre creía que el mundo sería un lugar más saludable si estuviéramos menos estresados, nos riéramos y disfrutáramos más de la vida, y aprendiéramos el hábito de soltar cualquier ofensa, herida, remordimiento y condenación. Él nunca perdió su espíritu juvenil. Sabía que el estrés prolongado puede dañar la salud y acortar de modo significativo la vida. Sabía que, cuando las personas están tensas y nerviosas, algunos de los resultados que se producen son dolor de cabeza, problemas digestivos, alta presión arterial, y falta de energía. No duermen bien. Gran parte de todo esto desaparecería si se atrevieran a lidiar con el estrés.

Los científicos han demostrado que, si vamos por la vida con una actitud negativa, tensos y estresados, siempre preocupados, llenos de temor, cargando con heridas emocionales y culpabilidad del pasado, el sistema inmune se debilitará, haciéndonos más susceptibles a la enfermedad y las dolencias. Los estudios han mostrado que las emociones negativas realmente debilitan la producción de las células asesinas naturales que nuestro sistema inmune crea para atacar y destruir células anormales que causan la enfermedad. Por otro lado, las personas que son felices y tienen una perspectiva positiva desarrollan más células asesinas naturales que la persona promedio. Cuando te mantienes lleno de alegría y gozo, tu sistema inmune funciona a su nivel de máximo rendimiento, tal como Dios quiso que fuera. Aumentarás tu actividad cerebral y tu creatividad, lo cual puede ayudarte a superar retos en momentos difíciles. Reducirás la hormona del estrés y aumentarás la producción de la hormona del crecimiento humano, conocida también como «hormona de la juventud», que ralentiza el proceso de envejecimiento y te ayuda a verte más joven y más fresco. La Biblia dice que una mente alegre produce sanidad, y ese versículo sigue siendo confirmado por la ciencia.

El salmista declara que «el gozo llega en la mañana». Cada mañana, Dios nos envía una nueva provisión de gozo. Cada día es un regalo para estar vivo con energía y vivirlo al máximo. Él nos ha dado todo lo que necesitamos para vivir una vida saludable e integral, pero tenemos que hacer nuestra parte y echar mano de las promesas de Dios, y de esas cosas que soplan nueva esperanza en nuestro corazón y nueva visión en nuestro espíritu. No podemos permitir que una mentalidad equivocada, un pasado negativo, y las opiniones de los demás nos desalienten para no experimentar todas las cosas buenas que Dios tiene para nosotros. Creo que es tu momento para caminar en la plenitud de su bendición.

En este libro descubrirás quince estrategias transformadoras que te proveen mayor energía, una mente más enfocada y un alma más tranquila. Exploraremos, entre otras, cómo:

- *Tener un alma saludable*
- *Mantenernos positivos hacia nosotros mismos*
- *Lidiar con personas difíciles*
- *Soltar el control*
- *Elegir ser felices*
- *Vivir en el presente*
- *Controlar la lengua*
- *Cuidar de nosotros mismos*

Sé que estas estrategias funcionan, porque han funcionado en las vidas de mis familiares, amigos y asociados, al igual que en mi propia vida. Al leer estas páginas, mantente abierto a lo que Dios revelará a tu corazón. Tengo la confianza de que, si das estos pasos conmigo, serás más feliz, más saludable, y llegarás más alto de lo que nunca imaginaste que fuera posible; no solo durante una semana o un mes, sino durante el resto de tu vida.

Un alma saludable

Tu vida interior es más importante que tu vida exterior.

Empleamos mucho tiempo y energía ocupándonos de nuestro cuerpo físico. Intentamos comer bien, hacer ejercicio, dormir las horas suficientes, y tomar vitaminas. Todo eso es importante. Queremos sentirnos bien, pero no empleamos el tiempo suficiente en ocuparnos de nuestras almas. No nos damos cuenta de lo mucho que nuestras emociones, nuestras actitudes y nuestros pensamientos nos afectan físicamente. La Escritura dice: «deseo que sobre todas las cosas tengas éxito y tengas buena salud, tal como prospera tu alma». Este versículo une el estar saludable físicamente, tener energía y vitalidad con cuán saludable está el alma. Si tu alma no es saludable, influirá en lo físico.

Si estás viviendo estresado, preocupado, amargado, sintiéndote culpable y enojado, esas emociones negativas no solo afectan tus relaciones, tu creatividad y cuán productivo eres. Están debilitando tu sistema inmune. Tus células no están peleando contra la enfermedad como deberían hacerlo. He leído que el noventa por ciento de todas las visitas a un médico de atención primaria están relacionadas con el estrés. No puedes dormir bien en la noche, tienes problemas digestivos y tienes úlceras. Gran parte de todo eso se debe a que tu alma no es saludable. Te preocupas noche y día porque tu hijo ha perdido el rumbo, estás estresado por tus finanzas, y guardas rencor contra un amigo que te ofendió. No entiendes que te estás enfermando a ti mismo. Toda esa energía negativa está envenenando tu alma. Debido a que tu alma no está saludable, ha influido en lo físico

Te despiertas en la mañana y te preguntas por qué sigues estando cansado y por qué no tienes energía. Se debe a que tu mente trabajó toda la noche. Tu cuerpo estuvo tumbado, pero tu mente batalló, haciéndose preguntas y razonando. Pensaste: *¿Y si…? ¿Cómo puedo…? ¿Qué pasaría si…?* Intentas controlar cosas que no puedes controlar. Intentas cambiar a personas a las que no puedes cambiar. Estás preocupado por un problema que tal vez ni siquiera suceda. Estás amargado por algo que tuvo lugar hace veinte años atrás. No puedes asimilar todas esas toxinas y no quedar envenenado. No puedes permitir que el enojo, la falta de perdón, la culpabilidad y la preocupación dominen tu vida. Si tienes el alma saludable, recuperarás tu energía.

> *Si tienes el alma saludable, recuperarás tu energía.*

Si dejas de permitir que gobiernen las emociones negativas, muchas de esas dolencias físicas desaparecerán. Todo está interconectado.

Presta atención a tu vida interior

Cuando tenía casi treinta años, apareció una zona enrojecida entre mis ojos y alrededor de mi frente. Hacía que mi piel se descamara, sentía mucha comezón, y se veía muy feo. Probé cremas, lociones y diferentes jabones faciales, pero no mejoraba. Visité a dermatólogos que me dieron recetas para ayudar a controlarlo y aliviar los síntomas, pero nunca desaparecía. Pasaron un par de años, y finalmente visité a otro médico diferente. Él me dijo: «Sé exactamente lo que está causando todo eso. Es el estrés. Estás viviendo con demasiada tensión. Tienes demasiada presión. Puedo darte más medicinas, pero hasta que tú no hagas cambios y vivas más equilibrado, esto no desaparecerá». Yo era joven y tenía mucha energía. Pensaba: *No estoy estresado. Estoy bien.* Algunas veces no podemos ver lo que nos está envenenando. Tenemos un punto ciego. Nos miramos en el espejo y vemos un problema físico. Vemos el enrojecimiento o la mancha o que necesitamos perder algo de peso; sin embargo, no podemos ver lo que está sucediendo en el interior. Tu vida interior es más importante que tu vida exterior. Lo que sucede en tus emociones, cómo te sientes contigo mismo, y lo que permites que dé vueltas en tu mente afecta lo

> *Lo que sucede en tus emociones, cómo te sientes contigo mismo, y lo que permites que dé vueltas en tu mente afecta lo que sucede externamente.*

que sucede externamente. Yo estaba tratando los síntomas, pero no la causa. Pensaba: *Arregla el exterior. Solo tengo que aclarar este enrojecimiento.* Sin embargo, regresaba una y otra vez.

Un día, me sinceré conmigo mismo. Consideré todo lo que estaba haciendo y mis compromisos. Estaba casado con Victoria, lo cual era increíblemente...relajante. Teníamos un hijo de dos años, con otro bebé en camino. Nos habíamos mudado de nuestra casa adosada y estábamos remodelando una casa más vieja. Yo había viajado por varias semanas a India con mi padre. Trabajaba muchas horas en la iglesia, intentando que el ministerio televisivo siguiera adelante. No me daba cuenta del nivel de estrés y de presión bajo el cual vivía, y yo mismo era quien ponía gran parte de ese estrés sobre mis hombros. Me gusta ir rápido, trabajar duro, y alcanzar metas. Sin embargo, esta es una clave: tú eres el responsable de tu propio bienestar emocional. No le corresponde a ninguna otra persona. Tu cónyuge no puede mantener bien tu alma. Nadie, incluyendo a tu médico, tus amigos o tus padres, tiene control sobre tu alma a excepción de ti mismo. En cierto sentido, ni siquiera Dios tiene ese control. Él no va a obligarte a perdonar a alguien o hacer que no te preocupes. Él no te forzará a que no vivas enojado, ofendido, estresado y con culpabilidad. Esas son decisiones que nosotros tenemos que tomar.

Mi pregunta hoy es la siguiente: ¿Está sana tu alma? Podemos ver tu aspecto, tu talento y tu personalidad, pero ¿qué está sucediendo en tu interior? ¿Estás en paz?

¿Está sana tu alma?

¿Le entregas las cosas a Dios? ¿Sabes que eres valioso? ¿Está tu corazón libre de amargura y ofensa? ¿O está lleno de preocupación, culpabilidad, inseguridad y autocompasión? «Mira lo que he atravesado. Estoy muy enojado. Guardo rencor porque me hicieron daño». Eso está envenenando tu alma, pero si eres como yo era, puede que no seas capaz de verlo. Algunas veces, nos hemos acostumbrado a esas emociones negativas. Nos hemos adaptado, y entonces nos preguntamos por qué no tenemos energía, por qué no podemos dormir, o por qué no somos creativos. Tienes que ser sincero contigo mismo. Tienes que mirar tu interior y preguntarte: «¿Por qué me siento celoso? ¿Por qué no puedo celebrar el éxito de mi amigo? ¿Por qué me ofendo con facilidad? ¿Por qué discuto tanto? ¿Por qué no me siento bien conmigo mismo?».

Una señora me dijo que, cada vez que su esposo y ella tenían el más pequeño desacuerdo, ella se alteraba, estallaba y gritaba. Se convertía en una experiencia terrible. Su esposo no podía entender por qué ella estaba tan nerviosa y se enojaba con tanta facilidad. Con el tiempo, todo eso fue demasiado y su relación se estaba desmoronando. Lo que él no sabía era que, cuando era adolescente, ella había tenido una relación con un joven que la hirió profundamente. Cuando ese muchacho rompió con ella de repente, dijo algunas cosas que eran muy derogatorias. Ella se sintió rechazada, pensando que no era lo bastante buena. En lugar de soltar esa ofensa, sabiendo que Dios es quien nos vindica y que lo que digan las personas no determina quiénes somos, se aferró a eso en su interior. Estaba envenenando su espíritu, haciéndole sentirse insegura y ofenderse con facilidad. Cuando no soltamos las ofensas y las heridas emocionales, nunca sanan. Cada vez que su esposo no estaba de acuerdo con ella, era como tocar una llaga. Ella reaccionaba. Un día, hizo lo que todos tenemos que hacer. Fue sincera consigo misma, miró su interior y preguntó: «¿Por qué soy así? ¿Por qué me molesto con tanta facilidad?». Entendió que se debía al dolor del pasado, a cosas que no fueron justas y con las que ella nunca había lidiado. Tomó la decisión de soltar la falta de perdón, la amargura y el resentimiento, y ese fue el punto crucial. Cuando sanó su alma, su relación también fue saludable. Hoy día, su esposo y ella son felices y disfrutan de la vida.

Presta atención a tu vida interior. Es fácil adaptarnos a cosas que nos están envenenando y no darnos cuenta. Terminamos simplemente tratando los síntomas. Si llegamos a la raíz y hacemos que nuestra alma sea saludable, Dios dice que tendremos buena salud y éxito. Necesitamos preguntarnos a nosotros

> *Es fácil adaptarnos a cosas que nos están envenenando y no darnos cuenta.*

mismos: «¿Estoy causando yo mismo mi propia enfermedad? ¿Estoy saboteando mis relaciones? ¿Estoy limitando mi potencial, reteniéndome porque mi alma no es saludable?».

Líbrate de las raíces

El escritor del libro de Hebreos aconseja: «Asegúrense de que no brote ninguna raíz de amargura y los contamine». Describe la amargura como una raíz. No se puede ver una raíz porque está bajo tierra; sin embargo, si se deja crecer, brotará. Una raíz de amargura producirá un fruto amargo. Lo que está en el interior se mostrará en el exterior. Intentamos mejorar el fruto; lidiamos con el síntoma, pero el fruto no es el problema. Necesitamos ir a la fuente y librarnos de la raíz.

El libro de Proverbios dice: «Cuida tu corazón, porque de él mana la vida». Una de nuestras principales responsabilidades es mantener fuera las toxinas. Evita que broten esas raíces. Las ofensas llegarán. También llegarán compañeros de trabajo malhumorados. No podemos evitar que lleguen decepciones, heridas, celos y enojo. La cuestión es: ¿vas a dejar que eche raíces, que se arraigue en tu alma, contamine tu alegría, te robe la paz, te quite la energía y te haga vulnerable a la enfermedad, los problemas y la derrota?

> Si tu alma está amargada, tu vida estará amargada.

No, mantén saludable tu alma. Tienes que ser un jardinero activo. Arranca esas raíces. Arranca la falta de perdón. Arranca la inseguridad. Arranca la culpa y la condenación. No permitas que tu alma se envenene. Si tu alma está amargada, tu vida estará amargada. Si tu bienestar emocional está contaminado, eso afectará tu bienestar físico.

¿Por qué estás permitiendo que la preocupación eche raíz, para después perder el sueño y vivir estresado? Ya has visto a Dios cuidar de ti en el pasado; lo has visto abrir caminos donde no veías un camino; lo has visto proveer en medio de una pandemia, darte paz en medio de una tormenta, y favor en medio del fuego. Él lo hizo entonces y volverá a hacerlo ahora. Él no te trajo hasta aquí para abandonarte. ¿Por qué te agarras a esa culpabilidad, flagelándote por errores del pasado? Dios te ha perdonado, de modo que, ¿por qué no te perdonas a ti mismo? Dios no lo recuerda, ¿por qué no dejas tú de recordarlo? Dios ha seguido adelante, ¿por qué tú no sigues adelante?

¿Por qué tienes celos del compañero de trabajo que consiguió un ascenso, o del amigo que crees que es mejor parecido, más talentoso y más exitoso? Ahora estás encontrando defectos, siendo crítico, y sintiéndote mal con quién eres tú. Que Dios los bendiga a ellos no significa que no vaya a bendecirte a ti. Dios no se quedó sin favor. No se olvidó de ti. Él tiene cosas en tu futuro que son mejores de lo que imaginaste. No permitas que esa raíz de celos te envenene. Arráncala. Mantén puro tu corazón. Celebra el éxito de los demás. Cuando tu alma es saludable, Dios puede confiarte más.

¿Por qué todavía estás molesto por lo que sucedió hace veinte años atrás? ¿Por qué sigues guardando rencor a alguien que te hizo daño y se alejó? ¿Por qué estás enojado por lo que alguien no te dio? Eso no detuvo el plan de Dios. Lo que esa persona hizo no va a evitar que alcances tu propósito. Dios sabía que iba a suceder, y ya tenía un plan para sacarte de eso siendo mejor, para darte belleza en lugar de cenizas, para darte alegría en lugar de llanto. Arranca esa raíz de decepción, resentimiento y autocompasión. Todo eso está envenenando tu futuro, está limitando tu potencial, drenando tu energía y debilitando tu sistema inmune. No te limites a lidiar con el síntoma; llega hasta la raíz. Aprende a vivir desde

> *No te limites a lidiar con el síntoma; llega hasta la raíz. Aprende a vivir desde un lugar de fe.*

un lugar de fe. «Dios, confío en ti. Sé que tú tienes el control. Tú peleas mis batallas. Tú estás ordenando mis pasos, y tienes un buen plan para mi vida. Tú eres mi proveedor, mi protector, quien abre camino, mi vengador, mi libertador. Dios, mi vida está en tus manos». Así es como mantienes saludable tu alma. Regularmente, tienes que arrancar raíces, librarte de toxinas, y cuidar tu corazón.

Tú controlas lo que está en tu alma

Había un hombre que poseía un establo de caballos. Un día, cuando salió a montar a caballo vio que una rama muy grande de un árbol se había caído y obstaculizaba el sendero. Su caballo procedió a saltar por encima de la rama, pero no la libró por completo y se hizo bastante daño en una de sus patas traseras. El hombre llevó el caballo al establo y limpió la herida, le puso antiséptico, y la vendó. Un par de semanas después, observó que el caballo todavía seguía sufriendo por la herida. Llegó el veterinario y echó un vistazo a la herida, y le dio antibióticos al caballo. El caballo comenzó a mejorar, pero unos meses después regresó la infección, y su caballo apenas podía caminar. Le dieron otra tanda de los mismos antibióticos, y la herida comenzó a curarse; sin embargo, tres meses después la herida se infectó de nuevo. El dueño del caballo decidió finalmente llevar al caballo a la clínica y obtener una mejor evaluación de lo que estaba sucediendo. Anestesiaron al caballo, y el veterinario abrió la herida. Encontró una astilla de madera que tenía aproximadamente el tamaño de una pelota de golf y que estaba enterrada en la pata del caballo. Por eso, cada vez que el caballo dejaba los antibióticos regresaba la infección. Estaban tratando los síntomas, pero no fue hasta que profundizaron, hasta que llegaron a la raíz del problema, que ese problema desapareció.

Nosotros tratamos los síntomas porque podemos ver los síntomas. Es obvio. «Mi piel está enrojecida y con escamas. Necesito medicinas». Sin embargo, tenemos que profundizar. Tenemos que lidiar con la raíz. «No puedo librarme de estos dolores de cabeza, porque estoy muy preocupado y estresado. Yo mismo me estoy haciendo enfermar». «No puedo llevarme bien en esta relación, porque soy inseguro. No me siento valioso». «No estoy alcanzando mi potencial, porque estoy enojado conmigo mismo. Vivo con cosas de las que me arrepiento, pensando en dónde debería estar». Líbrate de la infección. Mientras la raíz esté ahí, el fruto será amargo. La buena noticia es que puedes controlar lo que está en tu alma. No puedes controlar lo que te sucedió, lo que alguien hizo o dijo, pero sí puedes controlar el modo en que respondes, aquello en lo que decides pensar, y cuál será tu actitud. ¿Hay una infección en tu alma y algunas toxinas que están evitando que te pongas bien físicamente? ¿Hay algo de amargura, preocupación, enojo o culpabilidad que te mantiene atascado, y que evita que prosperes?

> *¿Hay una infección en tu alma y algunas toxinas que están evitando que te pongas bien físicamente?*

A veces, no podemos llevarnos bien en las relaciones, porque tenemos una raíz de orgullo. Pensamos que todo el tiempo tenemos la razón, y no queremos escuchar las opiniones de otras personas. No nos disculpamos y es difícil llevarse bien con nosotros, pues somos demasiado sensibles y contenciosos. El orgullo es una de esas toxinas que no siempre podemos ver. Hay que mirar más profundamente, debajo de la superficie, para encontrarla. Cuando tienes un alma saludable, eres una persona buena y amable. Ves lo mejor en los demás. Eres un pacificador. Permites que otros tengan la razón.

Sé sincero contigo mismo

El salmista dice en Salmos 119: «Dios, evita que me mienta a mí mismo». Esa es una de las oraciones más poderosas que podemos hacer. «Dios, ayúdame a ser sincero conmigo mismo. Ayúdame a mirar al interior y ver dónde mi alma no es saludable. Ayúdame a ver dónde necesito cambiar, dónde necesito perdonar, dónde necesito ser más amable y comprensivo. Ayúdame a ver dónde necesito dejar de permitir que las personas me roben la alegría, dónde necesito superar lo que sucedió hace tres años atrás, dónde necesito dejar de flagelarme por errores que he cometido. Ayúdame a verme a mí mismo como una persona valiosa, atractiva, como una obra maestra». Mi oración es la siguiente: «Dios, no nos permitas pasar por la vida mintiéndonos a nosotros mismos». Una cosa es ser deshonesto con otros, lo cual indudablemente no es bueno, pero no te mientas a ti mismo. No escondas las cosas bajo la alfombra, no pongas excusas para justificar por qué estás enojado, amargado, celoso, y es difícil llevarse bien contigo. No es ningún fallo estar en esa situación hoy, pero sí que es un fallo quedarte en esa situación. Puede que sea tu explicación, pero no permitas que sea tu excusa.

> «*Dios, no nos permitas pasar por la vida mintiéndonos a nosotros mismos*».

«Joel, tengo esta infección continua, porque me rasguñé la

pierna». Saca la astilla de madera y sigue adelante con tu vida. «Estoy amargado, porque mi ser querido murió». No, arranca esa raíz, deja que el proceso de duelo haga su trabajo, y sigue adelante y haz cosas grandes. Haz que tus seres queridos estén orgullosos dejando tu marca. «Estoy estresado a causa de mis finanzas, mis hijos, y la presión en el trabajo». No puedes controlar todo eso. No permitas que las circunstancias sean una excusa para vivir preocupado, nervioso, y perder la paciencia con tus hijos. Regresa al balance. La vida es demasiado breve para que vivas de ese modo. Haz que tu alma esté saludable. Si miras al interior y lidias con cosas que te están robando la paz, están arrebatando tu alegría y causando que hagas concesiones, entonces a medida que tu alma sea más saludable, llegará la sanidad física. Tus dones se mostrarán en más aspectos, tus relaciones mejorarán, y se abrirán nuevas puertas. La Escritura dice que tendrás éxito y buena salud, así como prospera tu alma. Observemos que hay un requisito. Dios dice: «Si quieres tener éxito, buena salud, buenas relaciones y abundancia, entonces haz tu parte y mantén saludable tu alma: tu actitud, tus pensamientos y tu bienestar emocional».

> *La Escritura dice que tendrás éxito y buena salud, así como prospera tu alma.*

Es interesante que la mayoría de los eruditos creen que David escribió el Salmo 119 y esa oración sobre no mentirse a sí mismo. Tal vez surgió de la ocasión en la que tuvo una aventura amorosa con Betsabé. Su ejército estaba peleando una batalla, pero él se quedó en el palacio. Una noche, subió al terrado para respirar aire fresco, y vio a esa hermosa mujer que estaba tomando un baño. En lugar de alejarse, agarró sus anteojos. Aunque Betsabé estaba casada con uno de los soldados leales de David, él envió a buscarla. Cuando ella terminó quedando embarazada, David intentó encubrirlo. Hizo que su esposo, Urías, regresara de la batalla, pero Urías era tan leal que se negó a acostarse con ella mientras sus compañeros estaban peleando. Por lo tanto, David dijo a los comandantes que pusieran a Urías en primera línea y después retiraran toda protección en torno a él. Urías murió en la batalla. David tomó a Betsabé como esposa, pensando que todo estaba bien. Encubrió todo el asunto, lo cual no parecía ser un gran problema. Pero el problema cuando intentamos enterrar toxinas negativas es que nunca se quedan enterradas. Esas toxinas finalmente regresarán y envenenarán nuestra vida.

> *El problema cuando intentamos enterrar toxinas negativas es que nunca se quedan enterradas.*

Durante el año siguiente, mientras David se mentía a sí mismo acerca de lo que había hecho, fingiendo que no había nada de malo, su salud comenzó a deteriorarse. Estaba enfermo y débil. Él había sido fuerte toda su vida; era un guerrero, pero ahora su alma no era saludable. La culpabilidad, la vergüenza y la concesión comenzaron a afectar su cuerpo físico. Finalmente fue sincero, y admitió que lo que había hecho estaba mal. En Salmos 51 dijo: «Dios, perdóname y límpiame de mi pecado. Crea en mí un corazón limpio». Estaba diciendo: «Dios, ya no voy a seguir ocultándolo. Voy a lidiar con estas toxinas que están envenenando mi alma». La belleza de nuestro Dios es que es misericordioso. Él perdonará. Dios restauró a David. Recuperó su salud, regresó su alegría, y siguió adelante para cumplir su propósito.

Sin embargo, hasta que tú seas sincero contigo mismo y lidies con lo que sabes que te está reteniendo, estarás limitado. A medida que tu alma sea más saludable, tu cuerpo estará más saludable. Tendrás más energía y vitalidad. David también escribió en Salmos 23: «Él restaura mi alma». Puede que sientas tu alma quebrada, herida por errores que has cometido o por lo que hizo otra persona; sin embargo, tu alma puede ser restaurada. Cuando eres sincero contigo mismo, sueltas lo que necesitas soltar (culpabilidad, preocupación, enojo, celos), y entonces llegará la sanidad. Llegará la alegría. Llegará la paz. Creo que, incluso en este momento, Dios está obrando para restaurar tu alma. Se está produciendo sanidad

> *Puede que sientas tu alma quebrada, herida por errores que has cometido o por lo que hizo otra persona; sin embargo, tu alma puede ser restaurada.*

emocional. Sanidad de las heridas, del dolor del pasado, de lo que no fue justo, de la pérdida, del sufrimiento. Sanidad de heridas autoinfligidas, de errores que cometiste, de arrepentimientos con los que vives. Sanidad de espíritus atormentadores, de enfermedad mental, de ansiedad y depresión. Dios está haciendo algo nuevo. Fortalezas que te detuvieron están siendo quebrantadas en tus emociones, tus actitudes y tus pensamientos. No tienes que vivir herido. Él está restaurando tu alma. Tus días postreros serán mejores que los primeros. Estás a punto de entrar en un nuevo nivel de alegría, paz, satisfacción, abundancia y victoria. No creas las mentiras que te dicen que es demasiado tarde, que has cometido demasiados errores, que has pasado por demasiadas cosas. No, la mejor parte de tu vida sigue estando delante de ti.

Saca los venenos

Cuando yo era pequeño, nuestra familia conocía a un hombre al que le encantaba tocar el piano. Era muy talentoso, pero sufría artritis reumatoide. Con los años, su estado siguió empeorando cada vez más. Tenía todas las articulaciones inflamadas, y llegó al punto en el que sus dedos estaban tan torcidos que parecía como si estuviera doblando los dedos. No podía abrir sus manos, y ya no podía tocar el piano. Le había gustado tocar por horas, pero ahora ese sueño se había ido, dejándolo muy desalentado. Un día, escuchó a mi papá hablar de cuán importante es que no nos aferramos a las heridas y que la falta de perdón puede envenenar nuestra vida. Este hombre sintió convicción de repente por algo que había guardado contra sus padres durante años, sintiendo que ellos lo habían perjudicado. En lugar de soltar eso y mostrarles misericordia, había permitido que la amargura echara raíces. Los había apartado de su vida, y se negaba a hablarles. Pensaba que ese era el mejor modo de manejar la situación, pero no entendía que estaba envenenando su propia alma. Cuando tu alma no es saludable, puede afectarte físicamente. Aquel día, él tomó la decisión de perdonar a sus padres y arreglar las cosas. Cuando fue a verlos, su mamá lloró de alegría y su papá estaba muy feliz. Fue una respuesta a sus oraciones. Este hombre dijo que, cuando perdonó a sus padres, sintió que se quitaba un gran peso de encima. Se había acostumbrado a eso, y había olvidado cómo era sentirse libre y sin tener esa amargura en su mente, siempre envenenando su alegría.

Fue estupendo que sus padres quisieran la reconciliación. Ellos estaban muy contentos de tener de nuevo a su hijo. Sin embargo, puede que haya ocasiones en las que las personas que ofendieron no querrán reconciliarse. No quieren tenerte en su vida, y eso está bien. No estás perdonando por causa de ellos, sino que estás perdonando por causa de ti mismo. Perdonas para poder tener tu propia alma saludable. Suéltalo, de modo que esa raíz negativa no

> *Perdonas para poder tener tu propia alma saludable.*

brote y contamine el resto de tu vida. Te dañaron una vez, pero no permitas que continúen dañándote por aferrarte a ello. Permite que Dios sea quien te vindique. Él ve lo que no fue justo, sabe quién te ofendió, y sabe cómo compensártelo. Él sabe cómo hacer que salgas de eso mejor de lo que eras antes.

A lo largo de los meses siguientes, para sorpresa de ese hombre, sus dedos comenzaron a abrirse poco a poco. La inflamación comenzó a disminuir, y fue mejorando cada vez más. Un año después, pudo sentarse y tocar el piano como si nunca hubiera pasado el tiempo. Es extraordinario lo que puede suceder cuando nuestra alma está saludable. Cuando somos libres de la amargura, la culpabilidad, el estrés, la preocupación y el enojo, es entonces cuando se libera la sanidad. Es entonces cuando verás éxito y la bendición de Dios de maneras nuevas.

La alegría es medicina

Entiendo que no toda enfermedad proviene de falta de bienestar emocional; sin embargo, cada vez que enfrentamos enfermedad, tendremos que ser fuertes en nuestras emociones y en lo que permitimos que dé vueltas en nuestra mente. Cuando mi mamá se enfermó de cáncer, escribió cartas a personas a las que pensaba que pudo haber ofendido, pidiéndoles que la perdonaran. Se estaba asegurando de que no hubiera ninguna toxina en su espíritu, que nada que ella hubiera hecho estuviera envenenando su bienestar emocional. Sabía que lo emocional afecta lo físico. Incluso veía dibujos animados y programas de televisión chistosos que la hacían reír. La Escritura dice: «Un corazón alegre es como tomar medicina; estar gozoso produce sanidad, pero un

> «Un corazón alegre es como tomar medicina; estar gozoso produce sanidad, pero un espíritu quebrantado seca los huesos».

espíritu quebrantado seca los huesos». Si vas por ahí desalentado y derrotado, diciendo: «Mira este reporte médico. Nunca me pondré bien», estarás ayudando a esa enfermedad y le estarás dando vida. Sin embargo, cuando eres alegre, cuando sabes que Dios tiene el control, cuando le das gracias cuando podrías estar quejándote, cuando ríes cuando podrías estar llorando, eso envía sanidad a tu cuerpo. Yo creo que muchas enfermedades desaparecerán (dolor de cabeza, alta presión arterial, problemas digestivos) cuando comencemos a tomar nuestra medicina de reír, estar alegres y ser optimistas.

Nos enfocamos en muchas cosas en lo exterior, pero te estoy pidiendo que mires al interior. ¿Está saludable tu alma? ¿Pasas tu día siendo positivo, esperanzado y agradecido, o te pesan mucho el estrés, las cargas y la preocupación? ¿Cómo puedes ser creativo cuando estás usando tanta energía para lo negativo? ¿Cómo puede tu sistema inmune trabajar adecuadamente cuando tienes amargura, enojo y lamentos? ¿Cómo puedes ser la mamá, el papá o el líder que eres llamado a ser cuando tienes toxinas que están envenenando tu espíritu? Es momento de ser sincero contigo mismo. No pases un año más permitiendo que algo sobre lo que tú tienes control te retenga. Haz que tu alma esté saludable. Arranca esas raíces de amargura. Comienza a entregar las cosas a Dios. Libera la preocupación, el daño, la decepción por lo que no salió bien. Mantén puro tu corazón. Si lo haces, creo y declaro que, debido a que tu alma está saludable, tendrás éxito y buena salud. Nuevas puertas están a punto de abrirse, la oportunidad te encontrará, y llegará la sanidad con mayor fortaleza, energía y vitalidad.

CAPÍTULO 2

Mantente positivo para contigo mismo

Nadie debería pensar mejor de ti que tú mismo.

¿Te das cuenta de que la relación más importante que tienes es la relación contigo mismo? A demasiadas personas no les gusta quiénes son. Se enfocan en sus fallos y debilidades; reviven sus errores y sus fracasos, y les gustaría ser diferentes. Desearían ser más altos, tener una personalidad mejor, o parecerse más a su primo. En lugar de aceptarse a sí mismos como una obra maestra, creados a imagen de Dios, son críticos hacia sí mismos. Entonces se preguntan por qué no son felices y por qué no tienen buenas relaciones. Se debe a que no se gustan a sí mismos. Si no te llevas bien contigo mismo, no vas a llevarte bien con otras personas.

Jesús dice: «Ama a tu prójimo como a ti mismo». No puedes amar a otros si primero no te amas a ti mismo. Lo mejor que puedes hacer por tu familia y tus amigos es ser bueno contigo, ser amable contigo, ser misericordioso

> No puedes amar a otros si primero no te amas a ti mismo.

contigo, perdonarte a ti mismo, y ser amoroso contigo. Eres bueno con otros; por lo tanto, ¿por qué no eres bueno contigo mismo. No criticas a tu amigo; entonces, ¿por qué te criticas a ti mismo? Elogias a tu compañero de trabajo; pero ¿cuándo fue la última vez que te elogiaste a ti mismo? Admiras los talentos de otras personas, de modo que, ¿por qué no admiras tus propios talentos? Comienza a ser bueno contigo mismo. Eso no es ser egoísta o arrogante; es amarte a ti mismo.

Hay demasiadas personas que van por la vida en contra de sí mismas, sintiendo que hay algo equivocado en su interior. Escuché a alguien decir: «Descubrí al enemigo. Era yo mismo». ¿Eres tu propio enemigo? ¿Estás derrotándote a ti mismo, limitando tus sueños, saboteando tus relaciones, todo ello porque no te caes bien a ti mismo? Ya tienes suficientes personas y circunstancias en tu contra, de modo que no estés en contra de ti mismo. Cuando despiertes en la mañana, no te quedes tumbado en la cama pensando en todo lo que sientes que está mal contigo o en lo que no te gusta de tu aspecto, y no revivas tus errores. *¿Por qué no terminé la universidad? Debería haber sido más disciplinado. Ayer perdí los nervios.* Esos son pensamientos tóxicos que agotarán tu fuerza, tu energía y tu entusiasmo. En lugar de enfocarte en lo que crees que es erróneo en ti, comienza a enfocarte en lo que es correcto. Tienes debilidades, has cometido errores (todos lo hemos hecho), pero hay muchas más cosas correctas en ti que equivocadas. Quedarte en lo negativo no te ayuda a mejorar. Flagelarte por errores del pasado no te hace avanzar. Mientras mejor te sientas contigo mismo, mejor te irá. Mientras más te gustes a ti mismo, más avanzarás.

No puedes dar lo que no tienes. Si estás en una agitación interior, te criticas a ti mismo, te sientes enojado y condenado, eso es lo que tienes para dar. Si eres

> *No puedes dar lo que no tienes.*

duro contigo mismo, serás duro con los demás. Si no te perdonas a ti mismo, no perdonarás a los demás. Si no te llevas bien contigo mismo, ¿cómo puedes llevarte bien con tu familia? Lo mejor que puedes hacer es comenzar a estar a tu favor. Cuando te amas a ti mismo, puedes amar a otros. Cuando eres amable contigo mismo, puedes ser amable con otros. Comienza contigo.

Apruébate a ti mismo mientras estás cambiando

Tal vez estás diciendo: «Pero, Joel, tengo muchos defectos y debilidades. Cuando las supere, cuando aprenda a controlar mis nervios, cuando sea más disciplinado y deje de decir cosas que no debería decir, entonces no me decepcionaré a mí mismo». Si estás esperando a comportarte perfectamente antes de sentirte bien con quién eres, estarás esperando toda tu vida. Tienes que aceptarte a ti mismo mientras estás en el proceso de cambiar. Dios sabía que tendrías debilidades; Él te creó, y no eres una sorpresa para Él. No está sentado en su trono en el cielo rascándose la cabeza y pensando: *No vi venir eso. Es un desastre. ¿Qué voy a hacer?* Él sabía las cosas con las que batallarías. No debes flagelarte, porque todavía no hayas llegado. No conozco ni una sola persona que haya llegado. Siempre habrá algún área en la que necesitamos mejorar.

De hecho, creo que Dios dejará debilidades en nuestras vidas a propósito, para que tengamos que depender de Él. Él te está cambiando de gloria en gloria. Aprende a disfrutar de la gloria en la que estás en este momento. Puede que no estés donde quieres estar, pero no estás donde solías estar. En lugar de mirar cuánto te queda por recorrer, necesitas mirar atrás y dar gracias a Dios por todo el camino que has recorrido. Es necesaria una persona madura para

> *Es necesaria una persona madura para decir: «Estoy conforme con donde estoy mientras voy de camino a donde Dios me está llevando».*

decir: «Estoy conforme con donde estoy mientras voy de camino a donde Dios me está llevando».

En una ocasión, alguien me preguntó qué sería lo que yo cambiaría de mí mismo si pudiera. No es mi intención parecer arrogante, pero no se me ocurrió nada. Claro que hay muchas áreas en las que necesito mejorar. Necesito cambiar y crecer. Me refiero a que mis debilidades no están en primera línea en mi mente. No estoy enfocado en mis defectos, reviviendo mis fracasos, o menospreciándome por errores del pasado. Sé que soy perdonado, soy redimido, soy una obra maestra, y soy creado a imagen del Dios todopoderoso. La vida es demasiado corta para que pasemos por ella en contra de nosotros mismos. Digo esto con humildad: «Me gusto a mí mismo. Me gusta cómo luzco. Me gusta mi personalidad. Me gusta mi sentido del humor. Me gusta el gusto que tengo por las cosas. Me gusta mi mente. Me gusta cómo me creó Dios».

> *Es muy poderoso cuando puedes decir que te gustas a ti mismo.*

Es muy poderoso cuando puedes decir que te gustas a ti mismo. No es decir: «Me gustaré a mí mismo después de perder diez kilos, cuando aprenda a tener la boca cerrada, o cuando sea más paciente». Dios te acepta y te aprueba donde estás ahora, con tus faltas, errores, defectos y todo, y no cuando superes todo eso, sino en este momento. Él sabe que estás en un viaje. Te está cambiando poco a poco. Él te acepta; ahora tienes que aceptarte a ti mismo. Él te aprueba; ahora tienes que aprobarte a ti mismo.

Enfócate en las imágenes correctas

Cuando nuestro hijo Jonathan tenía catorce años, él y yo estábamos jugando al básquet un día. Habíamos jugado uno a uno por muchos años. Yo siempre podía ganar, pero él no dejaba de crecer, ser más fuerte y mejorar. Fue aquel día cuando me ganó por primera vez. Yo jugué duro e hice todo lo posible, pero él ganó. Lo felicité. Aunque perdí, experimenté algunos momentos estupendos durante ese juego. En uno de los puntos, Jonathan me rodeó y salió corriendo para lanzar. Yo llegué desde atrás, calculé mi salto perfectamente, salté con todas mis fuerzas, y bloqueé su lanzamiento. Me sentí como LeBron James cuando lancé la pelota a los arbustos. Habría sido una de las diez mejores jugadas de la ESPN.

Unos días después, estábamos en el gimnasio jugando básquet con algunos otros muchachos. Jonathan dijo: «Papá, diles a todos lo que sucedió la semana pasada». Le respondí: «Ah, sí, Jonathan me superó hasta llegar a la canasta para a lanzar un tiro, pero calculé mi salto perfectamente y lo bloqueé». Él dijo: «No, papá. Cuéntales cómo te gané». Lo chistoso es que la derrota no estaba en primer plano en mi mente. Ese fracaso no ocupaba la mayoría del espacio. Era mi victoria, mi logro, mi éxito lo que resaltaba. Todo está en cómo nos entrenamos a nosotros mismos. Algunas personas se enfocan en sus pérdidas, sus errores, sus defectos, y las veces en que no estuvieron a la altura. Por eso son negativas hacia sí mismas. Las imágenes equivocadas siempre están en su mente.

Necesitas enfocarte en tus victorias, enfocarte en las veces en que tuviste éxito, cuando resististe la tentación, cuando fuiste disciplinado. Necesitas enfocarte en la ocasión en que tenías ganas de menospreciar a alguien, pero te mordiste la lengua, o cuando recorriste la milla extra en el trabajo, o cuando sobresaliste en una

> *Necesitas enfocarte en tus victorias, enfocarte en las veces en que tuviste éxito, cuando resististe la tentación, cuando fuiste disciplinado.*

presentación. No permitas que lo negativo ocupe la mayor parte del espacio. No puedes llegar a ser quien fuiste creado para ser si eres negativo hacia ti mismo. Sí, hay fuerzas intentando detenernos, pero me pregunto si nosotros somos nuestro peor enemigo. Las circunstancias pueden estar en tu contra, y saldrán personas contra ti, pero puedes vencer esas cosas. El problema es si estás en contra de ti mismo. Si eres negativo hacia ti mismo, eso puede evitar que llegues a tu destino.

Tus dones te encajan perfectamente

Dios nos ha dado diferentes personalidades, diferentes temperamentos y diferentes dones. A veces batallamos con quienes somos cuando intentamos ser como otra persona. Tienes que aceptar cómo te creó Dios. Claro que hay áreas en las que podemos mejorar y crecer, pero hay ciertas cosas que constituyen quiénes somos. Yo soy por naturaleza callado y reservado. Mi personalidad es tranquila y relajada. No pierdo fácilmente los nervios. En raras ocasiones me ofendo. Todo eso es natural para mí.

Cuando mi padre partió con el Señor, yo sabía que debía dar un paso y pastorear la iglesia, pero no me sentía calificado. Nunca había ministrado, y no tenía la formación y el entrenamiento, pero pude dejar atrás esas cosas. Con lo que batallaba era que mi padre tenía una personalidad fuerte. Era dinámico y contundente. Yo veía a otros ministros que eran muy expresivos y emocionaban a sus audiencias. Pensaba: *Yo no tengo esas fortalezas. No puedo ministrar como ellos o como mi padre.* Cuando nos comparamos y pensamos que tenemos que ser como otra persona, podemos sentirnos mal, como si estuviéramos en desventaja. *Yo no soy tan talentoso como ellos. Nunca podré ser así.* Esta es la clave: Dios te ha dado lo que necesitas para cumplir tu destino. Si necesitaras una personalidad diferente, Él te la habría dado. Si necesitaras dones diferentes, fortalezas diferentes, un aspecto diferente o padres diferentes, eso se habría producido. Deja de compararte a ti mismo con los demás y corre tu propia carrera.

Yo sentí la tentación de sentirme inferior, no lo bastante fuerte ni lo bastante bueno. Tuve que apartar todas esas cosas y utilizar lo que Dios me había dado. Descubrí que mis dones encajaban conmigo perfectamente. Mi personalidad, mi talento, mis fortalezas y mi temperamento son los correctos para mi tarea. No tenía que ser muy expresivo, dinámico o extrovertido como lo era mi padre. Eso funcionaba para él, así era él, pero Dios nos crea como individuos. Tienes que sentirte cómodo en tu propia piel, cómodo con quien Dios te hizo ser. No codicies lo que tiene otra persona. Si tuvieras sus dones, su personalidad o su aspecto, eso no te ayudaría; sería un obstáculo. Estás equipado para tu propia carrera. Tienes la personalidad correcta, los dones correctos y el aspecto correcto. Tienes la altura correcta y la familia correcta. No te falta nada, y no estás en desventaja. Has sido creado maravillosamente bien. Camina en tu unción, ten seguridad con tus dones, y deja brillar tu personalidad. No hay otra persona en este mundo que sea como tú.

> *Tienes que sentirte cómodo en tu propia piel, cómodo con quien Dios te hizo ser.*

Al enemigo le encantaría que fueras por la vida intentando ser una imitación, copiando a otra persona que consideras más atractiva, más dotada o más exitosa. No, sé tú mismo. Nadie puede ser como tú puedes serlo. No estás ungido para ser otra persona. La unción que hay sobre tu vida (el favor y la bendición) es para ser tú mismo. No activarás el favor, y no verás la abundancia, si intentas ser alguien que no eres, sintiéndote mal por dentro porque no eres como otra persona.

> *Nadie puede ser como tú puedes serlo.*

¿Es tu debilidad realmente tu fortaleza?

Cuando comencé en el ministerio, yo no era como mi padre. Lo que pensaba que era una debilidad (ser más calmado e introvertido) fue realmente una fortaleza. Las personas comenzaron a mirarnos por televisión y asistir a nuestros servicios en cifras récord. La mitad de las personas que ven nuestros servicios dicen que nunca han estado en una iglesia y nunca escucharon a un ministro en televisión.

Me pregunto si estás batallando con lo que te hace ser único. ¿Estás frustrado por lo que crees que es una debilidad, cuando de hecho es una fortaleza? Deja de desear ser diferente y acepta cómo te creó Dios. Él no te dio accidentalmente la personalidad inadecuada o los dones incorrectos. No te hizo demasiado callado o demasiado extrovertido. Te hizo para que encajaras con tu propio mundo. Tienes exactamente lo que necesitas para caminar en tu destino.

Tengo un amigo que tiene una personalidad muy fuerte. Es

muy amable y talentoso, pero es del
tipo A, directo al grano, agresivo,
un hombre «resolutivo». Un día, su
esposa y él tuvieron un desacuerdo,
y debatían sobre algo. Ella dijo finalmente: «¿Por qué no puedes parecerte
más a Joel?». Él respondió: «Perdona,
pero creo que debo ser más como
Jesús». Ella dijo: «Eso está bien, pero
¿por qué no comienzas con Joel?».
Siempre podemos crecer y mejorar,
pero no podemos pelear contra cómo
nos hizo Dios. No pases toda tu
vida deseando ser alguien diferente,

> *No pases toda tu vida
> deseando ser alguien
> diferente, deseando
> tener una personalidad
> mejor, deseando ser
> más talentoso, deseando
> parecerte a tu vecino,
> cuando de hecho eres
> exactamente quien
> deberías ser.*

deseando tener una personalidad mejor, deseando ser más talentoso, deseando parecerte a tu vecino, cuando de hecho eres exactamente quien deberías ser. Lo que no entiendes es que la mitad del
tiempo tu vecino desearía poder ser tú. Ellos ven todas las cosas
buenas acerca de ti, pero ¿las ves tú? ¿Qué sucedería si comenzaras
a amarte a ti mismo, a aceptar tus dones y no flagelarte por los
errores ni menospreciarte por tus debilidades? Mantente positivo
hacia ti mismo.

La mayoría de nosotros no criticaríamos a otras personas en
voz alta. Tú no te acercarías a un compañero de trabajo y le dirías:
«Hoy no te ves muy bien. Esa ropa no te queda bien». Puede que
lo pienses, pero nunca lo dirías. Por lo tanto, ¿por qué te criticas a
ti mismo? Cuando te criticas, estás criticando la creación de Dios.
Bien podrías levantar la mirada y decir: «Dios, no hiciste un buen
trabajo conmigo». Él no comete errores. No digas otra palabra
negativa acerca de ti mismo. No digas: «Soy muy indisciplinado.
No puedo hacer nada bien. No tengo una buena personalidad.

Nunca podré perder peso. Nunca romperé esta adicción». Elimina eso. Deja de estar en contra de ti mismo. No necesitas otro enemigo. Sé tan bueno contigo mismo como lo eres con los demás. Sé amable contigo mismo, misericordioso y amoroso. Cuando te levantes en la mañana y te mires en el espejo, en lugar de decir: «Me estoy haciendo viejo. Mira todas estas arrugas. Voy cuesta abajo desde aquí», prueba un enfoque diferente. «Soy creado a imagen de Dios. Soy una obra maestra. Tengo sangre de la realeza en mis venas». Cada vez que haces eso, Dios derrama sobre ti fortaleza, paz y alegría.

Reconoce lo bueno

Un amigo mío es pastor de una iglesia en otro estado. Durante años, me llamaba cada domingo después de nuestro servicio y me decía cuán bueno fue mi mensaje. Él es muy alentador. Seguía hablando y hablando, pronunciando un elogio tras otro. «Esa ilustración fue muy eficaz, y esta parte va a ayudar a muchas personas». Varios años después, me acompañó a una entrevista que yo estaba haciendo. Era un programa nacional de una hora de duración, realmente algo importante. Yo no había hecho muchas entrevistas como esas antes, y estaba nervioso. Cuando terminé y regresamos al auto, lo primero que dije fue: «Lo hice realmente bien. Dije exactamente lo que quería decir. No creo que pudiera haberlo hecho mejor». Él me dijo después que esa conversación cambió su vida. Cuando vio cuán positivo era yo hacia mí mismo, entendió cuál era su problema. Ni una sola vez se había dicho a sí mismo que lo había hecho bien. Después de sus servicios, siempre regresaba a su casa desalentado, pensando en que podría haberlo hecho mejor, que no se había enfocado lo suficiente, o que podía haber explicado algo con más claridad. En todos esos años de ser pastor, nunca salió de la iglesia sintiéndose bien. Siempre pensaba en lo que no hizo bien. Cuando me escuchó decir que lo hice bien, se derrumbó una fortaleza en su pensamiento. Él era estupendo para elogiar a otros, pero nunca se había elogiado a sí mismo. Se había entrenado para ver sus propios defectos, sus tropiezos, y para enfocarse en el momento en que no daba todo lo mejor.

La Escritura dice: «Nuestra fe es eficaz cuando reconocemos todo lo bueno». No puedes ir por ahí reconociendo lo negativo, tus debilidades, las veces en que no estuviste a la altura, o que deberías haber sido más disciplinado. Tu fe no va a ser eficaz. Necesitas volver a entrenar tu mente para ver lo bueno, para enfocarte en lo que hiciste bien. No pudiste terminarlo todo en la oficina, pero sí terminaste algunas cosas. No has roto por completo la adicción, pero estás mejor que el año pasado. No empleaste todo el tiempo

> *Necesitas volver a entrenar tu mente para ver lo bueno, para enfocarte en lo que hiciste bien.*

que querías con tus hijos, pero los preparaste para la escuela, los vestiste, y cocinaste su cena. Si estás reconociendo lo negativo, no te sentirás bien contigo mismo. Comienza a reconocer todas las cosas buenas que estás haciendo. Eso te ayudará a hacer más. Estar decepcionado contigo mismo no solo evita que disfrutes de la vida, sino que también evita que te eleves más alto.

Cada vez que me bajo de la plataforma después de un servicio, entre dientes digo: «Señor, gracias por ayudarme a hacerlo bien hoy». Sé que no lo hago bien cada vez, pero en mi mente sí que lo hago bien. Un domingo, me bajé de la plataforma y mis hijos estaban en la parte de atrás. Lo primero que dije fue: «Di en el clavo». Ellos comenzaron a reírse. No digo esto con arrogancia, pero me celebro a mí mismo. Me elogio a mí mismo. Reconozco lo que Dios me ha capacitado para hacer. Reconozco que es su favor, su unción, su bendición sobre mi vida. Tengo muchas áreas en las que mejorar, y sé que hay otras personas que pueden hacerlo mucho mejor, y eso está bien. Yo no estoy corriendo la carrera de ellos. Me siento bien conmigo mismo. Tú tienes ya suficientes enemigos en la vida, de modo que no estés contra ti mismo. Deberías ser tu mayor fan. Nadie debería pensar mejor de ti que tú mismo.

> *Deberías ser tu mayor fan. Nadie debería pensar mejor de ti que tú mismo.*

Algunas veces nos enseñan que, si pensamos algo bueno de nosotros mismos, eso significa que no somos humildes y mansos. No, tienes que reconocer que el Creador del universo sopló su vida en ti. Él te otorgó dones, talentos y habilidades; te coronó con favor. No vayas por la vida pensando poco de ti mismo, enfocado en tus debilidades y pensando en tus fracasos. Comienza a reconocer lo bueno, entra en tu potencial, y demuestra ese talento. No seas tu propio enemigo; sé tu mejor bien. Cuando reconoces lo bueno, cuando dices: «Señor, gracias por ayudarme a brillar. Gracias por mis talentos. Gracias por llevarme donde nunca he soñado», entonces tu fe es hecha eficaz. Verás nuevas puertas abiertas y nuevas oportunidades. Puede que se te dé muy bien elogiar a otros, pero ahora necesitas ser bueno en elogiarte a ti mismo. No tienes que hacerlo en voz alta, pero en tu mente necesitas decir: «Eso fue bueno. Llegué al trabajo a tiempo, y sobresalí en esa presentación. Eso fue muy bien. Ayudé a mi vecino anoche. Eso fue bueno». ¿Por qué no comienzas a darte a ti mismo el mérito que das a otros? Le dijiste a tu amiga que se veía muy bien, pero ¿te has dicho a ti misma que luces muy bien? Elogiaste a tu compañero de trabajo, pero ¿te has elogiado a ti mismo?

Los errores no te descalifican

«Joel, me sentiría bien conmigo mismo, pero he cometido demasiados errores. Debería haber sido más disciplinado». Los errores no cambiaron tu propósito. No permitas que los fracasos y las veces en las que te desviaste del rumbo causen que estés en contra de ti mismo. Sé tan misericordioso contigo mismo como lo eres con los demás. Tienes que aprender a perdonarte. El acusador producirá condenación y culpabilidad, y te susurrará: «No te lo mereces». Le encantaría que te sientas indigno, que te menosprecies a ti mismo. Cargar con el peso de la culpabilidad te agotará. No caigas en esa trampa. El apóstol Pablo les dijo a los colosenses: «Dios los mira como santos, intachables y sin falta». No digas: «Pero yo no soy así. Tengo todo tipo de fallas». Todos hemos tenido fallas en el pasado. Todos hemos cometido errores, hemos hecho concesiones y hemos fracasado. Sin embargo, cuando le pediste a Dios que te perdonara, Él limpió todos tus registros. Él te ve sin faltas. Es todo bueno, y eso es un hecho. Pero la verdadera pregunta es la siguiente: ¿puedes verte a ti mismo sin falta? Mientras te estés flagelando y viviendo en condenación, el

> *La verdadera pregunta es la siguiente: ¿puedes verte a ti mismo sin falta?*

problema es que tú eres tu propio enemigo. Dios ya ha dicho que eres intachable y sin falta. Ponte de acuerdo con Él. Nada de lo que hayas hecho ha detenido tu destino.

Jesús sabía que un día Pedro lo negaría y, sin embargo, siguió escogiendo a Pedro como su discípulo. ¿Por qué no escogió a otra persona? Él sabía que Pedro iba a fallar. Sabía que Pedro era impulsivo y usaba malas palabras, pero Dios no te descalifica porque tengas debilidades. Si lo hiciera, ninguno de nosotros tendría oportunidad. Cuando Jesús resucitó de la muerte, un ángel se les apareció a María Magdalena y a las otras dos mujeres en el sepulcro, y les dijo que fueran a sus discípulos, y específicamente a Pedro, para decirles que Jesús estaba vivo. Basándose en su negación de Jesús, Pedro podría haber vivido derrotado y condenado, pensando: *¿Qué me pasó?* Sin embargo, tomó la decisión que todos tenemos que tomar. Pedro se perdonó a sí mismo. Tuvo misericordia de sí mismo. No vivió mirando por el espejo retrovisor, pensando en cómo había arruinado todo. Poco después, Pedro dio el discurso inaugural cuando nació la iglesia el día de Pentecostés, cuando tres mil personas llegaron a conocer al Señor.

> *En toda la Escritura, Dios usó a personas que cometieron errores.*

En toda la Escritura, Dios usó a personas que cometieron errores. Abraham tuvo un hijo fuera del matrimonio. David tomó la esposa de otro hombre e hizo que mataran al hombre. Jonás se negó a ir y predicar arrepentimiento a la ciudad de Nínive y huyó de Dios. ¿Qué le hizo Dios a Jonás? Lo rescató y lo envió una segunda vez a la ciudad de Nínive. Dios no nos descalifica. El error que cometemos es que nos descalificamos a nosotros mismos.

Hay algo asombroso en tu futuro

Cuando Moisés estaba en el monte Sinaí recibiendo los Diez Mandamientos, dejó a su hermano Aarón a cargo de los israelitas. Estuvo fuera por tanto tiempo, que el pueblo le dijo a Aarón: «Hagamos dioses que vayan delante de nosotros». Aaron sabía que solamente adoraban a Jehová. Había hablado por boca de Moisés cuando le dijo al faraón que dejara ir al pueblo. Había visto los milagros que Dios hizo en Egipto para librarlos de la esclavitud, y había visto cómo Dios separaba las aguas del mar Rojo. Sin embargo, le dijo al pueblo que reunieran su oro, lo fundió e hizo un becerro de oro. El pueblo lo declaró como su Dios y comenzó a hacer fiesta, con todo tipo de alegría. Cuando Moisés descendió del monte, vio que el pueblo estaba fuera de control y danzando desnudo, adorando a ese ídolo. Moisés había estado en el monte teniendo ese momento sagrado en la presencia de la gloria de Dios; sin embargo, en cuarenta días el pueblo ya se había desviado bajo el liderazgo de Aarón. Podríamos pensar que Dios ya no quería tener nada que ver con Aarón. «Si no puedes liderar a mi pueblo por un par de semanas, si vas a ceder a la tentación y hacer concesiones con tanta facilidad, entonces buena suerte». Sin embargo, Dios no nos descarta. Él escogió a Aarón para ser el primer sumo sacerdote para la nación de Israel. Puedo escuchar a Dios diciéndole a un ángel: «Mira a ese hombre ahí abajo que hizo el becerro de oro y no puso freno al pueblo. Él será a quien yo escogeré para entrar en el Lugar Santísimo, el lugar más sagrado del templo».

No juzgues tu vida basándote en un error o en un período en el que cediste a la tentación. Eso no detuvo tu destino. El único modo en que quedará retenido es si vives sintiéndote culpable, condenado y acabado. Dios te ha perdonado, pero debes perdonarte a ti mismo. Él te ha mostrado su misericordia, pero debes tener misericordia contigo mismo. «Joel, no sabes lo que yo hice». Probablemente no estuviste danzando desnudo en público la semana pasada. Probablemente no hiciste un becerro de oro

> *No juzgues tu vida basándote en un error o en un periodo en el que cediste.*

para adorarlo. ¿Por qué te descartas? No sabes dónde Dios te está llevando. ¿Quién habría pensado nunca que Aarón se convertiría en el sumo sacerdote y estaría en una posición de honor e influencia? Dios tiene algo asombroso que sigue estando en tu futuro.

¿Estás a favor de ti? ¿Eres amable contigo mismo? ¿Eres misericordioso contigo mismo?

Sin embargo, esta es la pregunta: ¿Estás a favor de ti? ¿Eres amable contigo mismo? ¿Eres misericordioso contigo mismo? Puede que ames a Dios, pero ¿te amas a ti mismo? Perdonas a otros, pero ¿te perdonas a ti mismo? Elogias a tus amigos, pero ¿te elogias a ti mismo?

¿Cuánto más avanzarías si te mantuvieras positivo hacia ti mismo? Deja de flagelarte por errores del pasado, deja de pensar en tus fallos, y deja de analizar en exceso tus debilidades. No eres un producto terminado. Dios sigue trabajando en ti. Creo y declaro que este es un día de victoria en tu vida. Se derriban fortalezas. La culpabilidad se va, y una mala imagen se va. Eres santo, eres intachable y eres sin falta. Prepárate. Creo que vas a ser más feliz de lo que nunca pensaste que fuera posible, y te convertirás en todo aquello para lo cual Dios te creó. Estás a punto de elevarte más alto, superar obstáculos, cumplir sueños y cumplir el plan que Él tiene para tu vida.

CAPÍTULO 3

Elige ser feliz

Eres tan feliz como quieras serlo.

Cuando despertamos en la mañana, podemos escoger cómo vamos a vivir ese día. Podemos escoger vivir en fe, ser felices y esperar favor, o podemos escoger vivir desalentados, derrotados y enfocados en nuestros problemas. La felicidad no se produce automáticamente; es una decisión que tenemos que tomar cada día. No podemos esperar a ver qué clase de día tendremos; tenemos que decidir qué tipo de día va a ser. Lo primero que debes hacer en la mañana es tomar una decisión y decir: «Voy a vivir este día feliz. Voy a ver lo bueno. Voy a estar agradecido. Voy a amar a mi familia. Voy a disfrutar este día».

Si no decides cómo vas a vivir, las circunstancias lo decidirán por ti. Verás cada uno de los problemas y pensarás que no va a salir bien. Pensarás: *No tengo ganas de ir a trabajar. Hay mucho tráfico. Nunca consigo nada bueno.* Cuando das vueltas a esas ideas, puede que no te des cuenta, pero estás decidiendo vivir desalentado, y estás escogiendo tener un mal día. La Escritura declara que «en la mañana vendrá la alegría». Cada mañana, Dios te envía una nueva provisión de alegría. Puedes descartarla y pensar: *Eso no es para mí. Tengo demasiadas cosas contra mí.* O puedes recibirla y decir: «Puede que las cosas no sean perfectas en mi vida, pero sé que Dios está en el trono y Él ordena mis pasos, y sus planes para mí son para bien, de modo que voy a disfrutar este día».

Eso es lo que hacía David. Él enfrentó todo tipo de oposición, ejércitos que intentaban detenerlo, y personas que lo calumniaban; sin embargo, en medio de todo eso decía: «Este es el día que hizo el Señor. Me alegraré y me gozaré en él». Sus circunstancias decían que debería estar desalentado, temeroso y solo. Si él estuviera reportando la situación, habría dicho: «Este es el día que hizo el Señor, y estoy muy desalentado. Tengo muchos problemas».

> Si quieres ser feliz, tienes que ser feliz a propósito, porque habrá personas, traiciones, demoras, y todo tipo de situaciones que pueden hacer que vivas amargado.

Eso habría sido la verdad, pero él no estaba reportando sino haciendo una declaración de fe. Estaba diciendo: «A pesar de la oposición, estaré contento. A pesar de que personas mientan sobre mí, estaré feliz. A pesar de que mi familia no cree en mí, voy a vivir este día feliz». Si quieres ser feliz, tienes que ser feliz a propósito, porque habrá personas, traiciones, demoras, y todo tipo de situaciones que pueden hacer que vivas amargado. Tienes que plantarte y decir: «Hasta aquí. No voy a permitir que otras personas me roben la alegría. No voy a permitir que lo que no está funcionando me amargue. No voy a permitir que este problema en el trabajo evite que disfrute mi vida. Me gozaré y me alegraré. Viviré este día feliz».

Tu voluntad es más poderosa que el cómo te sientes. David no se sentía feliz cuando escribió esas palabras, pero declaró: «Me alegraré». No esperes a sentirte feliz antes de decidir ser feliz. Tienes que decidir primero, y entonces la felicidad llegará. Igual que sucedió con David, puede que te sientas desalentado. Tal vez tienes buenas razones:

> *Tu voluntad es más poderosa que el cómo te sientes.*

las cosas fueron injustas, atravesaste una pérdida, nada se ve prometedor en tu futuro. Al enemigo le encantaría que pienses que ese es el modo en que siempre serán las cosas, que vayas arrastrando los pies con amargura y nunca estés esperanzado. No, tienes que poner en marcha tu voluntad. «Estaré contento. Disfrutaré este día. Me enfocaré en la bondad de Dios». Tu voluntad superará la manera en cómo te sientes. Una marca de madurez es cuando puedes ser feliz incluso cuando las cosas no salen como tú quieres, porque tu alegría no se basa en tus circunstancias.

«Bueno, Joel, cuando pase esta enfermedad recuperaré mi alegría. Cuando termine la escuela volveré a estar feliz. Cuando los texanos ganen el Súper Tazón estaré de buen humor. (Puedes esperar bastante tiempo). Cuando me case, estaré feliz. Si no estuviera casado, estaría feliz». Si estás postergando tu felicidad, entonces siempre habrá algún motivo para no ser feliz. ¿Por qué no tomas la decisión de que vas a ser feliz en este día? No cuando todo salga bien, no cuando tu jefe cambie, no cuando pierdas diez kilos, no cuando consigas el ascenso. «Este es el día que hizo el Señor».

Tú controlas tu propia felicidad

He aprendido que, si no eres feliz donde estás, probablemente no llegarás a donde quieres estar. «No puedo soportar este trabajo.

> Si no eres feliz donde
> estás, probablemente
> no llegarás a donde
> quieres estar.

No me gusta trabajar en este lugar». Prueba un enfoque diferente. «Dios, estoy contento por tener un trabajo. Ayúdame a no permitir que estas personas me roben la alegría». Si tienes una buena actitud donde estás, eso es una semilla que Dios usará para cambiar las cosas; sin embargo, si estás amargado en tu trabajo y Dios te da un empleo mejor, cuando alguien te ofenda allí estarás amargado también en ese lugar. Tienes que ser feliz donde estás. «Puede que todavía no esté en la casa de mis sueños, pero estoy feliz en este departamento. Aún no estoy casado, pero estoy feliz siendo soltero. Este problema de salud no se ha resuelto todavía, pero Dios, voy a estar feliz mientras tú estás cambiando las cosas». Tú controlas tu propia felicidad. No le corresponde a ninguna otra persona. Eres tan feliz como quieras serlo.

> Eres tan feliz como
> quieras serlo.

Yo jugaba básquet con un joven que siempre estaba de buen humor, era muy amigable y alegre. Un día después de un partido, le pregunté si quería que fuéramos a comer algo. Él respondió: «No, tengo que ir a la clínica. Me están dando quimioterapia». Había estado batallando contra el cáncer por tres años, lo cual fue una sorpresa para mí. No pude detectar que nada fuera mal. Le dije: «Siento mucho oír eso». Él dijo: «No sientas lástima por mí. La vida es buena, y soy bendecido. Tengo una hermosa esposa y un hijo. Estoy agradecido por estar vivo». Él podría haber estado deprimido, sintiendo autocompasión y pensando: *¿Por qué a mí? Esto no es justo.* En cambio, tomó la decisión de ser feliz donde estaba. Le pregunté cómo podía tener una actitud tan buena, y me dijo: «Cuando despierto en la mañana, me pregunto: ¿quieres vivir deprimido, o quieres vivir feliz? Escojo vivir feliz». Me pregunto si no disfrutaremos mucho más en nuestras vidas si hacemos lo que él hacía y comenzamos a escoger ser felices. No podemos alejarnos de las circunstancias negativas. No puedo decirte que tener fe te mantendrá alejado de los problemas, las malas rachas o personas que te ofenden, pero puedo decirte que esas cosas no tienen que arrebatarte la alegría. Tú tienes el control de tu felicidad.

David dice en Salmos 144: «Dichoso el pueblo cuyo Dios es el Señor». A veces miramos nuestras circunstancias, y no hay nada por lo que estar felices. Cuando estás luchando contra el cáncer, atravesando una pandemia, o tienes problemas en el trabajo, no hay nada de bueno en eso. El motivo por el que podemos estar felices es que nuestro Dios está en el trono. Él controla el universo. Él es nuestro proveedor, nuestro sanador, nuestro consolador,

> *El motivo por el que podemos estar felices es que nuestro Dios está en el trono.*

quien abre el camino para nosotros. Podemos ser felices porque la fuerza más poderosa del universo está de nuestro lado. Ninguna persona puede detenerlo a Él. Ninguna mala racha, ni enfermedad, ni adicción ni siquiera todas las fortalezas de la oscuridad pueden detener lo que Dios ha ordenado para ti.

Es significativo que David comenzó diciendo: «Este es el día que hizo el Señor». Podría haber dicho simplemente: «Hoy voy a estar contento. Voy a gozarme». Estaba diciendo: «Dios, reconozco que tú no solamente hiciste este día, sino que me has permitido estar vivo. Tú me escogiste antes de que yo pudiera escogerte a ti. Me formaste en el vientre de mi madre. No voy a desperdiciar este día viviendo con negatividad, enfocado en mis problemas y pensando en mis heridas. Voy a vivir este día al máximo». Tú y yo no estamos aquí por accidente. Dios podría haber escogido a cualquiera para que estuviera vivo hoy. Hay miles de millones de personas que han vivido y han muerto, pero Dios te escogió para que estés aquí en este momento. Él te despertó esta mañana. Él te dio fuerzas para que te levantaras de la cama. Te ha coronado con favor, y puso semillas de grandeza en ti. Él dice que eres más que vencedor, eres cabeza y no cola. Un modo en que podemos honrar a Dios es viviendo felices. Él no te creó para que andes

> *Un modo en que podemos honrar a Dios es viviendo felices.*

desanimado todo el día, sobrecogido por los problemas y desalentado por las decepciones. No, este día es un regalo de Dios. Deberíamos sentir la responsabilidad de vivirlo en fe, estar felices, alegres y de buen ánimo. Cuando este día termine, nunca podremos recuperarlo. No tenemos tiempo para desperdiciar ni un minuto más siendo negativos, estando desalentados, enfocados en lo que no salió bien, y quejándonos por quien nos ofendió. Recupera tu alegría.

Ten un canto de alabanza cada mañana

«Joel, yo estaría más feliz, pero he experimentado heridas. Las personas me han ofendido». Digo esto con todo respeto, pero todo el mundo ha sido ofendido. «He tenido decepciones, malas rachas y pérdidas». Todos las tenemos. Puedes usar eso como excusa y dejar que amargue el resto de tu vida, o puedes decir: «Padre, gracias por haberme confiado otro día. No voy a darlo por sentado. Reconozco que este es un día que tú has creado. Voy a elegir ser feliz. Voy a escoger disfrutar este día. Voy a vivirlo al máximo». Cuando tengas esa clase de actitud, Dios te dará belleza en lugar de cenizas, y compensará las ofensas.

Hace algún tiempo atrás, había unos pájaros afuera de la ventana de nuestro cuarto. A las cinco de la mañana comenzaron a cantar tan alto que me despertaron. Los diferentes sonidos, los cantos y las melodías continuaron por más de una hora. Uno de los pájaros piaba muy alto, hacía una pausa, y después otro pájaro respondía. A veces piaban todos juntos, y sonaba como si fuera una sinfonía. Yo lo habría disfrutado, pero eran las cinco de la mañana y quería dormir. Al siguiente día, a la misma hora, sucedió otra vez lo mismo. Una mañana hacía frío y llovía, con rayos y truenos. Pensé que de ningún modo esos pájaros iban a estar felices y piando; sin embargo, a las cinco de la mañana, efectivamente, ahí estaban las aves piando con más fuerza que nunca. Yo quería preguntarles a esos pájaros: «¿Por qué están tan felices? ¿No saben que estamos pasando tiempos difíciles? ¿No han oído las noticias? Hay problemas en el mundo, el precio de la gasolina es muy elevado, la cadena de suministro está alterada. ¿Cómo pueden estar cantando? ¿Y si no consiguen sus gusanos mañana?».

Es interesante que Dios puso algo en esos pájaros para comenzar el día piando y cantando. En efecto, están diciendo: «La vida es buena. Estamos felices. Vamos a disfrutar este día». ¿Qué sucedería si nosotros tuviéramos ese canto de alabanza cada mañana? Como esos pájaros, ¿qué sucedería si no fuéramos movidos por nuestras circunstancias, sino que cantáramos en la oscuridad cuando las cosas no salen como

> *¿Qué sucedería si no fuéramos movidos por nuestras circunstancias, sino que cantáramos en la oscuridad cuando las cosas no salen como queremos?*

queremos? Cantamos en medio de la tormenta, cuando las circunstancias están contra nosotros. Cantamos en el frío, cuando no tenemos ganas de hacerlo. Podríamos estar desalentados y con quejas, pero en cambio tomamos la decisión de que vamos a vivir este día felices.

Me gusta imaginar que el motivo por el que esos pájaros están tan felices es que no han visto las noticias. No han leído los periódicos. No están en las redes sociales. Nadie les dijo que tenían que estar preocupados, temerosos y molestos. Es como si ellos creyeran que su Padre celestial tiene el control. Es como si lo hubieran visto a Él cuidar de ellos en el pasado, y creen que seguirá cuidando de ellos en el futuro. Si quieres vivir más feliz, puede que tengas que dejar de escuchar cosas. No puedes absorber lo negativo todo el tiempo y mantenerte en fe. La Escritura dice: «Piensen en cosas buenas, cosas positivas y esperanzadoras». Nuestro pensamiento tiene mucho que ver con nuestra felicidad.

> *Si quieres vivir más feliz, puede que tengas que dejar de escuchar cosas. No puedes absorber lo negativo todo el tiempo y mantenerte en fe.*

Ten pensamientos felices

El apóstol Pablo atravesó muchas malas rachas. En 2 Corintios 11 enumera algunas de esas dificultades. Cinco veces recibió treinta y nueve latigazos. Tres veces fue golpeado con varas. Una vez fue apedreado. Tres veces naufragó. Fue mordido por una serpiente venenosa. Hizo frente a multitudes airadas, luchó contra bandidos, sobrevivió a ríos inundados. Experimentó tener hambre, desnudez, y pasar noches sin dormir. Nadie tuvo tantas cosas en contra como Pablo. Después de estar en la cárcel por dos años debido a cargos falsos, fue llevado delante del rey Agripa para su juicio. En Hechos 26, cuando se puso en pie para su defensa, lo primero que Pablo dijo fue: «Rey Agripa, me considero feliz». Pensaríamos que se consideraría una víctima, que estaría amargado, enojado y con rencores; sin embargo, él nos muestra un secreto para superar todo eso. Dijo: «Me considero feliz». «Me considero afortunado de estar delante de ti, aunque mis acusadores quieren que sea ejecutado».

> *Él nos muestra un secreto para superar todo eso. Dijo: «Me considero feliz».*

Puedes considerarte deprimido, puedes considerarte con mal humor, y puedes considerarte una víctima. O puedes hacer lo que hizo Pablo y decir: «Sí, he tenido muchas dificultades. Podría estar amargado y vivir desalentado, pero voy a considerarme feliz».

Mientras estés pensando en tus heridas, en lo que no salió bien, en que te dejaron fuera, estarás desalentado. ¿Por qué no comienzas a tener pensamientos felices? Los pensamientos felices son como los siguientes: *Tengo un futuro brillante. Algo bueno va a suceder. Mis días postreros serán mejores que los primeros. Ninguna arma forjada contra mí prosperará*. No estoy diciendo que neguemos lo negativo, sino que no meditemos en ello. No revivamos lo que no salió bien. No revivas la pérdida, la decepción o el fracaso. No puedes avanzar si sigues mirando atrás. No puedes disfrutar del presente si estás enfocado en el ayer. Tal vez tuviste decepciones, cosas que no fueron

> *No puedes avanzar si sigues mirando atrás. No puedes disfrutar del presente si estás enfocado en el ayer.*

justas, pero necesitas hacer lo que hizo Pablo y comenzar a considerarte feliz.

Yo me levanto cada mañana y le digo a Victoria: «Hoy va a ser un gran día». ¿Sabes lo que estoy haciendo? Considerándome feliz. Estoy dirigiendo mi mente en la dirección adecuada. Es fácil levantarte y considerarte triste, y entrar en la autocompasión mediante tus pensamientos. *¿Por qué tengo que sufrir esta enfermedad? ¿Por qué sigo soltero cuando todos mis amigos están casados? Las personas en el trabajo no me tratan bien. Esto no es justo.* Te estás considerando derrotado. Tienes que cambiar lo que piensas y decir: «Sí, tengo esta enfermedad, pero Padre, quiero darte gracias porque me devolverás la salud, porque viviré y no moriré, porque mis mejores días siguen estando delante de mí». Tienes que decir: «Sí, estas personas en el trabajo no me tratan bien, pero no soy una víctima. Sé que soy un vencedor. Dios, tú eres quien me vindica. Tú dijiste que me harás ir siempre en triunfo». Pensamientos felices son los siguientes: *Dios, estoy agradecido por estar vivo. Estoy emocionado por mi futuro. Creo que tú me estás llevando de gloria en gloria, que no he visto ni imaginado las grandes cosas que tienes preparadas para mí. Cuando tienes pensamientos felices, no solamente animan tu espíritu, sino que esa actitud de fe es lo que permite a Dios hacer cosas asombrosas.*

Cuando Pablo dio su gran discurso ante el rey Agripa, lo enviaron de nuevo a la cárcel. Su oración no fue respondida. Podríamos pensar que ahora seguramente estaría desalentado y que se quejaría. No, en la cárcel en Roma, él escribió: «Gócense en el Señor siempre, lo digo otra vez: gócense». Nos estaba diciendo que, incluso cuando las cosas no salgan como queremos, no dejemos de tener pensamientos felices. Sigamos dando la alabanza a Dios, dándole gracias porque está obrando, y siendo agradecidos cuando podríamos quejarnos. Sigamos pensando en victoria cuando estemos viendo derrota. La felicidad no depende de lo que sucede a tu alrededor; depende de lo que sucede en tu interior. ¿Qué tipo de pensamientos estás teniendo? *Nunca me pondré bien. He tenido esto por demasiado tiempo.* Te estás desalentando con tus propios pensamientos. *No puedo romper esta adicción. Ha estado en mi familia por años.* Te estás limitando por tus pensamientos. *No puedo ser feliz. He experimentado mucha perdida, mucho sufrimiento.* No es así como termina tu historia.

Sin embargo, aquí tenemos una clave: tienes que concederte permiso a ti mismo para ser feliz. A veces hemos creído la mentira de que se supone que no debemos ser felices. Hemos atravesado demasiadas cosas

> *Tienes que concederte permiso a ti mismo para ser feliz.*

y hemos cometido demasiados errores. Si somos felices, creemos que otras personas puede que no lo entiendan. ¿Puedo decirte que se supone que seas feliz? Dios te creó para disfrutar tu vida, para reír y sonreír. La felicidad comienza en el interior. Dale a Dios algo con lo cual trabajar. Si quieres vivir más feliz y más saludable, cada mañana necesitas decirte a ti mismo: «Estoy feliz. Estoy agradecido. Soy bendecido». No puedes recibir felicidad si estás pensando en tristeza. La alegría llega cada mañana. Algunas personas la han estado rodeando un año tras otro a causa de sus pensamientos. Vivirás más feliz si comienzas a pensar más feliz.

Ten un corazón alegre

El apóstol Pablo les escribió a los tesalonicenses: «Sean felices en la fe, contentos de corazón continuamente». De nuevo, nos estaba

diciendo que tengamos pensamientos felices. Tengamos un corazón contento. Él no dijo nada sobre nuestras circunstancias. Seamos felices si las personas nos tratan bien o no. Seamos felices si
nuestros planes funcionan o no. Sea-
mos felices si no tenemos ninguna
decepción o si tenemos muchas. Él
nos estaba diciendo que tengamos el
hábito de tener pensamientos felices.
No permitas que las circunstancias
negativas te convenzan para que no
vivas una vida feliz.

> No permitas que las
> circunstancias negativas
> te convenzan para que
> no vivas una vida feliz.

El otro día iba yo manejando por la carretera, y tenía prisa
por llegar a una cita. Había un auto delante de mí que iba a paso
de tortuga. Era una calle de un solo carril, sin ningún modo de
poder rebasar. No era una zona escolar. El conductor no era una
persona anciana. Yo no podía entender por qué iba tan lento. En
ese momento, tuve que tomar la decisión de que iba a tener pensamientos felices, porque los pensamientos que estaban llegando a
mi mente no eran felices. Mis primeros pensamientos fueron tocar
el claxon, decirle algo y gritar: «¡Apártate de mi camino!». Estuve
a punto de molestarme por mis pensamientos; sin embargo, hice
lo que te estoy pidiendo a ti que hagas. «Dios, sé que tú tienes el
control y que tú ordenas mis pasos. Gracias porque es un buen día,
porque tengo salud, soy bendecido, y tengo un futuro brillante».
Sencillamente cambié mi mente con pensamientos felices. Poco
después de eso, el auto hizo un giro. Yo toqué el claxon y seguí
adelante. Estoy bromeando; no toqué el claxon.

En la Escritura, el profeta Habacuc lo expresó de este modo:
«Aunque la higuera no florezca ni haya uvas en los viñedos, aunque no haya cosecha en los olivos y los campos no produzcan alimento». Todo iba mal para Habacuc. El negocio no prosperaba,

sus cosechas no producían, y sus ingresos eran limitados. Si se hubiera detenido ahí, habría estado deprimido y desalentado, arrastrando los pies todo el día. Sin embargo, siguió diciendo: «Pero me alegraré en el Señor. Me gozaré en el Dios de mi salvación». Estaba diciendo: «Aunque no esté viendo aumento, incluso cuando las cosas no salgan bien, aunque conductores lentos me demoren, e incluso cuando el reporte médico no haya mejorado, no voy a desmoronarme. Seguiré teniendo pensamientos felices. Seguiré dando gracias a Dios por estar vivo, porque tengo propósito, porque hay cosas buenas preparadas para mí». ¿Estás considerándote triste, desalentado, considerándote una víctima? ¿Te das cuenta de cuánta alegría y creatividad toma eso? Es momento de comenzar a tener pensamientos felices.

> *¿Estás considerándote triste, desalentado, considerándote una víctima?*

Conozco a una señora que es muy alegre y siempre tiene una sonrisa. Cada vez que estoy cerca de ella, es muy extrovertida y divertida. Ha tenido dificultades en su vida; no ha sido fácil, pero ha aprendido este secreto de tener pensamientos felices. Un día, estaba en una tienda y se acercó al mostrador para comprar algo. El hombre que estaba en la caja le preguntó cómo estaba. Ella dijo, con una gran sonrisa y mucho entusiasmo: «Estoy bendecida, ¡y agradecida por estar viva!». Él la miró y dijo: «¿Asiste usted a Lakewood?». Ella respondió: «Sí». Él dijo: «Debería haberlo sabido. Todo el que entra aquí y es como usted va a Lakewood». Creo que los creyentes deberían ser las personas más felices de la tierra. Debería haber una diferencia entre nosotros y las personas que no honran a Dios. Cuando

> *Los creyentes deberían ser las personas más felices de la tierra.*

vayas al trabajo, puede que todos se estén quejando, desalentados y declarando derrota, pero no caigas en esa trampa. Permanece lleno de alegría, ten una sonrisa en tu cara, sigue teniendo pensamientos felices. Este mundo necesita más personas felices. Necesitamos más alegría en el mundo. Ya hay mucha tristeza y desesperación. Si no tenemos cuidado, permitiremos que lo que sucede a nuestro alrededor entre en nuestro interior. Por eso, cada mañana tienes que decidir ser feliz y decir: «No se trata de lo que yo siento. Me gozaré. Disfrutaré este día. Seré feliz».

Mira cada día como tu mejor día

Cuando piensas en el mejor día de tu vida, ¿qué día sería? Tal vez es el día de tu boda, el día en que nació tu hijo, el día en que el diagnóstico fue que no tenías cáncer, o el día en que te mudaste a tu casa nueva. Todos ellos son días estupendos que miramos teniendo recuerdos felices. Sin embargo, ¿sabes cuál creo yo que es el mejor día de nuestra vida? Hoy. Dios te ha dado un día más de vida, otro día para disfrutar de tu familia, otro día para ver el amanecer, otro día de posibilidades, de perseguir tus sueños y tus metas. A veces, permitimos que las presiones de la vida (el tráfico, lo que dijo alguien, un reto en el trabajo) eviten que disfrutemos del día. Pensamos que es otro día común y corriente, pero no hay tal cosa como un día común. Cada día es un regalo de Dios.

> *No hay tal cosa como un día común. Cada día es un regalo de Dios.*

La Escritura dice: «Nuestra vida es como el vapor. Estamos aquí por un momento y entonces desaparecemos». Dentro de cien años, nuestro tiempo en esta tierra habrá terminado. Si entendiéramos realmente cuán valioso es cada día, viviríamos más felices. Es fácil dar por sentado cada día, simplemente levantarnos, hacer cosas por inercia, lidiar con los retos, y terminar el día. Sin embargo, si tienes una nueva perspectiva y comienzas a ver cada día como tu mejor día, no permitirás que las pequeñas cosas te molesten. Tomarás el tiempo para disfrutar de las personas a las que Dios te ha dado para que las ames. Te detendrás y saludarás al vecino que está solo. Tendrás más pensamientos felices. Vivirás con más gratitud. Aprovecharás al máximo cada día.

Un pastor amigo mío fue al hospital a visitar a una mamá de treinta y cinco años. Tenía cáncer, y se suponía que no iba a sobrevivir a la noche anterior. Él entró a la habitación, tomó su mano, le dijo que la amaba y que estaba orando por ella. A pesar de su fragilidad y de haber perdido su cabello, ella sonrió y dijo con voz débil: «Pastor, este es el mejor día de mi vida». Él quedó perplejo por sus palabras, pensando que no parecía ser un buen día para ella. Entonces ella añadió: «Mire, no sabía si iba a despertar esta mañana. Ahora, Dios me ha bendecido con otro día para ver a mis hijos, otro día para pasarlo con mi familia». Y siguió diciendo: «Si logro pasar este día, esta noche miraré por la ventana y veré las estrellas. Voy a disfrutar de la luz de la luna».

Es mi oración que Dios nos dé ese mismo espíritu para aceptar incluso los días más difíciles de nuestra vida con alegría y gratitud como hizo ella, que siempre nos enfoquemos en lo bueno y nunca demos por sentada la vida, que nos levantemos cada mañana y pensemos en todas las cosas por las que podemos estar agradecidos. Puede que tengas algunas dificultades, cosas que podrían amargarte, que pueden arrebatarte el gozo, pero si te mantienes en la perspectiva correcta, reconociendo que este día es un regalo de Dios, que realmente es el mejor día de tu vida, entonces es mucho

> *Puede que tengas algunas dificultades, cosas que podrían amargarte, que pueden arrebatarte el gozo, pero si te mantienes en la perspectiva correcta, reconociendo que este día es un regalo de Dios, que realmente es el mejor día de tu vida, entonces es mucho más fácil vivirlo feliz y no ser distraído por las preocupaciones, por lo que no salió bien o por quien te rebasó en el tráfico.*

más fácil vivirlo feliz y no ser distraído por las preocupaciones, por lo que no salió bien o por quien te rebasó en el tráfico.

Cuando el apóstol Pablo llegó al final de su vida, dijo: «Quiero terminar mi carrera con gozo». Todos tendremos que estar con el Señor en algún momento. No quiero que estés desalentado, sintiéndote una víctima y diciendo: «Mira lo que he atravesado. ¿Por qué me sucedió esto?». Estemos llenos de gozo, viendo cada día como el mejor día, levantándonos cada mañana y escogiendo ser felices. Digamos junto con David: «No se trata de cómo me siento. Me gozaré. Estaré contento». Como hizo Pablo, tengamos el hábito de pensar pensamientos felices. Si haces eso, creo y declaro que vivirás más feliz, que disfrutarás más de tu vida. Fortalezas que te han retenido están siendo derribadas en este momento. Dios está a punto de llevarte a nuevos niveles de favor, libertad y satisfacción. Terminarás tu carrera con gozo.

CAPÍTULO 4

Suelta el control

Aférrate a tus sueños, pero no te aferres mucho al modo en que Dios los cumplirá.

Dios pone promesas y sueños en el corazón de todos. Sabemos que nuestra salud va a mejorar, que nuestro negocio tendrá éxito, y que algún día conoceremos a nuestra persona ideal. Sin embargo, Dios no nos dice cómo o cuándo ocurrirá. Muchas veces nos frustramos cuando no ocurre como pensábamos o según nuestros tiempos. «Dios, ¿cuándo le darás la vuelta a esta situación? ¿Cuándo mejorará mi salud? ¿Por qué la situación en mi trabajo no mejora?». Intentamos meter a Dios en un molde y decirle cómo tiene que hacer las cosas, cuándo debe hacerlas, y a quién debería usar. Si no sucede como pensábamos, es posible que nos desanimemos.

> *Intentamos meter a Dios en un molde y decirle cómo tiene que hacer las cosas, cuándo debe hacerlas, y a quién debería usar.*

Una vez que has orado y creído, debes dejar en manos de Dios las formas y los tiempos. Si le pones un marco de tiempo y decides el modo en que ocurrirá, te frustrarás porque los caminos de Dios no son nuestros caminos. Él obra cuando nosotros no podemos verlo; y algunas veces tarda más de lo que esperábamos, porque Él tiene preparado algo mejor. Una de las mejores cosas que he aprendido es a confiar en los tiempos de Dios y en sus caminos. Lo que Dios prometió se cumplirá; pero puede que no de la forma y en los tiempos que tú habías planeado. Si intentas controlar el resultado y los tiempos, vivirás preocupado. Tienes que soltar el control y dejar de intentar que ocurra a tu manera.

Dios ya tiene solucionado lo que a ti te preocupa. Él conoce el fin desde el principio. Pero esta es la clave: Él no te dará detalles. Si supieras el desenlace de todo, no necesitarías fe. Si Él te dijera: «Dentro de tres meses se abrirá una puerta importante. Parecerá que retrocedes, pero es porque tomarás un atajo que te dará ventaja», tú te relajarías y dirías: «No pasa nada, todo va a salir bien». ¿Por qué no haces eso ahora? Dios tiene todo planeado y ve cosas que tú no ves. Llegarán cosas increíbles; la sanidad, el favor y las personas correctas ya están preparadas. Si sueltas el control de lo que te preocupa, podrás disfrutar de la vida mientras esperas que las cosas cambien. ¿Qué te preocupa? ¿Qué es aquello que no te deja dormir? Dios te dice: «Entrégamelo. Yo estoy en control. Estoy ordenando tus pasos y estoy trabajando entre bambalinas. Puede que ahora mismo no pienses que te están pasando cosas buenas, pero yo voy a hacer que todo obre para tu bien».

> *¿Qué te preocupa? ¿Qué es aquello que no te deja dormir?*

Entra en su descanso

La Escritura dice: «Aquellos que han creído entran en el descanso de Dios». Una vez que has creído, no tienes por qué saberlo todo. Si ves que nada cambia, serás tentado a preocuparte, pero descansa. Cuando descansas, le estás mostrando a Dios que confías en Él. Tal vez estás creyendo para que tu salud mejore, pero el reporte médico no mejora. Pensabas que a estas alturas ya habría ocurrido. Podrías preocuparte y quejarte, pero en lugar de eso le das gracias a Dios, declaras sus promesas, y eres la mejor versión de ti mismo cada día. Cuando descansas, vives por fe, y eso es lo que hace que Dios pueda moverse. Si estás preocupado por tus finanzas y no puedes dormir porque tu hijo se ha desviado del camino, es una señal de que has dejado de creer. Tienes que entrar en su descanso. Vuelve a experimentar la paz. No puedes confiar en Dios y preocuparte al mismo tiempo. Cuando descansas, sabes que Dios está en control, que todo ayudará para tu bien, y que Él terminará todo lo que Él comenzó. Cuando descansas no estás estresado; te sientes restaurado y renovado.

> *No puedes confiar en Dios y preocuparte al mismo tiempo.*

«Joel, me preocupan mis finanzas. Estoy descontento por el reporte médico. ¿Cuándo terminará esta recesión?». A Dios nada lo agarra por sorpresa. Él no te trajo hasta aquí para abandonarte. Deja ir la preocupación, deja ir la frustración, y confórmate con no saber todos los detalles. Siempre habrá situaciones que no entenderemos, problemas que parecen demasiado grandes, y obstáculos que parecen permanentes. Son pruebas. ¿Vivirás tu vida preocupado, preguntándote si todo saldrá bien, desanimado porque algo está tardando demasiado, o entrarás en su descanso? ¿Creerás que Dios está en control y que Él te llevará a donde tienes que estar?

Mi hermana Lisa y su marido Kevin intentaron tener un bebé durante muchos años, pero sin éxito. Lisa pasó por todos los tratamientos de fertilidad y hasta le hicieron un par de cirugías, pero seguía sin poder concebir. Finalmente, los doctores le dijeron que no podría tener un bebé. Lisa siguió orando y creyendo año tras año, sabiendo que Dios tenía la última palabra; sin embargo, en un punto se dio cuenta de que el querer tener ese bebé la estaba consumiendo. Era su enfoque principal. Algunas veces queremos algo con tantas ganas, que perdemos el balance. No estaremos contentos hasta que Dios lo haga a nuestra manera. Tienes que poner esos deseos en el altar y entregárselos a Dios. No renuncies al sueño y tampoco te rindas con esa promesa, pero deja de intentar controlar el modo en que Dios hará que ocurra. Puede que Él no lo haga de una forma tradicional, como tú esperas que lo haga. El enemigo puede usar en tu contra cualquier cosa que necesites tener para ser feliz. Sin embargo, cuando puedes decir: «Dios, esto es lo que quiero; pero, aunque no salga como a mí me gustaría, voy a ser feliz. Seguiré alabándote», le quitas el poder al enemigo. Aférrate a tus sueños, pero no te aferres mucho al modo en que Dios los cumplirá.

> *El enemigo puede usar en tu contra cualquier cosa que necesites tener para ser feliz.*

> *Aférrate a tus sueños, pero no te aferres mucho al modo en que Dios los cumplirá.*

Unos meses después de que Lisa soltó el control, recibió una llamada de una amiga nuestra que vive en otro estado y tiene un hogar para niñas adolescentes. Una de las jóvenes iba a tener gemelas, y preguntó a Lisa y Kevin si les interesaría adoptarlas. No tuvieron que pensarlo dos veces; sabían que era una respuesta a sus oraciones. Unos meses después, estaban en el hospital cuando nacieron las bebés. Hoy día son dos jóvenes preciosas de unos veinte años. Dios sabe cómo cumplir promesas, pero debes estar abierto a que Él lo haga como quiera. Si estás empeñado en que suceda de un modo, es posible que te frustres. Dios hace las cosas de maneras poco ordinarias e inusuales. Es posible que no cumpla tu sueño de una forma tradicional. Aunque parecía que Lisa se estaba quedando atrás, después de esa llamada tenía no uno sino dos bebés. No tuvo que quedar embarazada, ni gestar al bebé durante nueve meses; Dios lo hizo de una manera poco común que sobrepasó cualquier sueño que Lisa pudiera imaginar.

¿Estás preocupado por algo que en realidad es la mano de Dios obrando? Aún no ha ocurrido, porque Dios hará algo mejor de lo que imaginas. La demora, la decepción o los obstáculos no están obrando en tu contra, sino a tu favor. Deja de intentar controlar

> *¿Estás preocupado por algo que en realidad es la mano de Dios obrando?*

el modo en que ocurrirá; Dios está a punto de hacer algo nunca visto, inusual, y fuera de lo común. No te estás quedando atrás. Estás a punto de recibir una llamada, de ver un cambio, de recibir un ascenso, y de que el estado de tu salud cambie.

Tu momento establecido se acerca

He aprendido que Dios no siempre nos lleva por un camino recto. Habrá desvíos, demoras, curvas, y momentos en los que sentirás como que vas en dirección contraria. «Dios, estoy creyendo que tú me llevarás en esta dirección hacia un ascenso, una sanidad o libertad, pero estoy yendo en dirección contraria. No estoy avanzando, y lo que veo es justo lo opuesto a lo que quiero conseguir». No te enfoques en el método. El modo en que tú crees que ocurrirá puede no ser el modo en que Dios lo hará. Lo que no puedes ver es que más adelante en ese camino que va en dirección contraria hay un desvío que te llevará a un atajo que te dará ventaja. Lisa estaba creyendo por un bebé y recibió dos. Así es nuestro Dios. El lugar al que Él te está llevando será mejor de lo que puedes imaginar. La razón por la que está tardando tanto es porque será más grande, más gratificante y más satisfactorio. ¿No se están abriendo las puertas aún? Tú no sabes lo que Dios está haciendo; no puedes ver lo que Él está preparando detrás del telón. Puede que la gente esté en tu contra, que el problema no haya cambiado, y que tu familiar siga desviado del camino, pero no te desanimes por lo que no cambia; tu momento se acerca.

La Escritura habla de que hay un momento perfecto en el que Dios te mostrará favor, un momento perfecto para que Él te sane, y un momento perfecto para que Él le dé la vuelta a tu problema. Si hay un momento perfecto, significa que también hay un momento que no es el ideal. Si todavía no ha ocurrido, es porque no tenía que ocurrir. En lugar de pelear contra el momento en el que te encuentras, ¿por qué no celebras ese momento? «Dios, sé que estás ordenando mis pasos y que estoy justo donde tengo que estar. Gracias porque se acerca mi momento establecido». Puedo prometerte algo: Dios no se demorará ni un segundo. A Él no se le pasará por accidente tu momento perfecto.

En julio de 2001, después de luchar por dos años para que el ayuntamiento de la ciudad de Houston votara a favor de que pudiéramos comprar el Compaq Center para convertirlo en nuestras instalaciones, finalmente lo conseguimos. Fue un milagro que celebramos con la iglesia; una de las mayores victorias de nuestras vidas. Al día siguiente, nuestra familia salió para tomarnos unos días de vacaciones. Acabábamos de llegar a nuestra habitación del hotel cuando recibí una llamada comunicándome que habíamos recibido una demanda que nos impediría trasladarnos al Compaq Center. Decía que

> *Si hay un momento perfecto, significa que también hay un momento que no es el ideal. Si todavía no ha ocurrido, es porque no tenía que ocurrir.*

había una cláusula en las escrituras que impedía que desarrolláramos allí nuestra actividad. Me dijeron que nuestro caso podría quedarse atascado en el sistema legal durante diez años, y no había garantías de que ganaríamos. Cuando Victoria se enteró, se sentó en la cama y me dijo: «Joel, ¿qué vas a hacer?». Yo dije: «Voy a ir a la playa a nadar en el mar». Ella me miró a los ojos y me preguntó: «¿No estás preocupado?». Yo le respondí: «No puedo cambiar la situación, así que no voy a preocuparme por ella. Hemos hecho nuestra parte; el resto está en manos de Dios. Voy a descansar y confiar en que Dios peleará esta batalla». Por supuesto que luché con la preocupación y la frustración durante los días siguientes, pero en enero de 2003 la demanda fue retirada repentinamente, y eso nos hizo sentir como si se hubiera abierto el mar Rojo. Nuestro momento establecido había llegado.

Es bueno tener pasión por nuestros sueños, por nuestra sanidad, libertad, o por un ascenso. Pero no dejes que eso te consuma hasta el punto de que no puedas ser feliz hasta que Dios lo cumpla. No esperes hasta que todo esté bien para ser feliz. El día de hoy es un regalo; disfruta de tu vida mientras Dios obra. Entra en su descanso y no estés tenso y estresado mientras te preguntas: «¿Cuándo cambiará la situación?». Debes superar la prueba de ser feliz donde estás antes de que Dios te lleve a donde quieres estar. Si solo puedes estar feliz cuando el problema desaparezca, cuando tengas el bebé, o cuando tu negocio crezca, demorarás lo que Dios quiere hacer. Tienes que plantarte y decir: «Voy a disfrutar de este día y lo que sea que depare. Las caídas, los retos y las malas rachas no me van a detener; Dios está en el trono. Confío en sus tiempos y en sus caminos. Mientras tanto, voy a ser feliz y a seguir creyendo en lo que está por llegar».

Las dificultades son medios de transporte

Imagina lo que habría ocurrido si José no hubiera aprendido a soltar el control. En Génesis 37, Dios le dio un sueño cuando era aún adolescente de que sería un líder y que gente se postraría ante Él. ¿Qué habría ocurrido si él hubiera tenido ideas preconcebidas sobre cómo ocurriría eso? ¿Qué habría ocurrido si hubiera pensado: *Seguro que alguien se presentará en mi casa, me escogerá de entre mis hermanos, me mostrará favor, me ungirá como rey, y con el tiempo llegaré a ser líder,* como Dios hizo con el rey David cientos de años después? Pero Dios hace las cosas de maneras poco usuales. Él utiliza las adversidades, las malas rachas y las decepciones para llevarnos hacia nuestro destino. Las dificultades parecen obstáculos, pero la realidad es que las dificultades son medios de transporte. Dios utiliza las dificultades para llevarte a donde Él quiere que estés. Pensamos que Dios solo utiliza el favor, los milagros y las

> *Dios utiliza las dificultades para llevarte a donde Él quiere que estés.*

puertas abiertas. Aunque sabemos que esas bendiciones vienen de Él y le damos gracias cuando ocurren, yo he aprendido que Dios usa las puertas cerradas tanto como las abiertas. Él usa a personas que están en nuestra contra tanto como a personas que están a nuestro favor. Él usa el rechazo, la traición y las demoras para prepararnos para cosas buenas. No podemos verlo en el momento, es incómodo y no nos gusta, pero así es como la mano de Dios se mueve para ordenar nuestros pasos.

José tenía un sueño, y sabía que el favor de Dios estaba con él. Pero ¿qué ocurrió? Sus hermanos lo traicionaron y lo lanzaron a un pozo, fue vendido como esclavo en Egipto, lo acusaron injustamente de un crimen, y fue encarcelado. Eso sí que es una mala racha. Pero José entendía este principio y nunca se quejó ni se amargó. Estoy seguro de que pasó muchas noches sintiéndose solo, hubo momentos en los que se sintió olvidado y abandonado, pero en lo profundo de su interior había una voz débil pero segura que decía: «Yo sigo en control. Te tengo en la palma de mis manos. Todo esto es parte de tu destino». Si él hubiera intentado controlarlo o tomado las riendas, habría vivido frustrado, enojado y amargado. Cada día tenía que soltar la preocupación, la frustración y sus expectativas sobre cómo se desarrollaría la situación. Trece años después se convirtió en el primer ministro de Egipto y vio cumplido su sueño.

Cuando analizamos el recorrido de José, vemos giros, demoras, desvíos y decepciones. Proverbios 20 dice: «Si el Señor dirige tus pasos, ¿por qué intentar entender todo lo que ocurre durante el camino?». ¿Estás frustrado porque no entiendes algo que te ha ocurrido, molesto por una mala racha, o preocupado por las demoras? ¿Cómo sabes que eso no es la mano de Dios guiándote hasta tu trono? ¿Cómo sabes que no eres igual que José? ¿Cómo sabes que no estás yendo en la dirección correcta y que todo va según

¿Cómo sabes que eso no es la mano de Dios guiándote hasta tu trono?

lo previsto para ver cumplido aquello que Dios te prometió? Tal vez no ocurra como te imaginas. Dios usa las dificultades para prepararnos para nuestro destino, y lo que ahora te preocupa es un paso necesario. Esa puerta cerrada o esa demora es imprescindible para que alcances tu propósito. No intentes entender todo lo que ocurre en el camino, porque Dios trabaja de maneras misteriosas. Si estás intentando entenderlo todo te sentirás confuso, porque hay cosas que no debes entender. Eso significa la fe.

Si alguna adversidad impidiera que alcanzaras tu destino, Dios no la permitiría. Si una decepción impidiera que alcances tu propósito, no habría ocurrido. Dios está comprobando de qué estás hecho. Es tu oportunidad para decir, como José: «Dios, confío en ti incluso cuando no entiendo nada. Seguiré siendo la mejor versión de mí mismo incluso cuando no sea justo. Seguiré alabándote cuando podría estar quejándome. Voy a seguir avanzando, aunque sienta que estoy retrocediendo».

Deja de resistirte y empieza a descansar

En Lucas 22, Jesús estaba a punto de ser crucificado. Estaba orando en el Monte de los Olivos cuando Judas se acercó con un grupo de soldados y lo besó. Así supieron a quién tenían que arrestar. Cuando fueron a llevarse a Jesús, Pedro sacó su espada y le cortó la oreja a uno de los sirvientes del sumo sacerdote. Pedro estaba listo para pelear; no iba a quedarse sin hacer nada. Los demás discípulos dijeron: «Señor, ¿debemos pelear? Hemos traído nuestras espadas». Jesús respondió: «No se resistan más». Lo que estaba diciendo era: «Sé cómo se sienten, pero todo esto es parte de mi plan. Esta traición, los soldados arrestándome, el juicio y la crucifixión... todo esto es parte de mi destino. Es parte de mi plan para traer salvación al mundo».

Parecía que el enemigo estaba en control y que los soldados se estaban saliendo con la suya al llevarse a Jesús, pero no se dieron cuenta de que lo estaban llevando a su destino. Cuando enfrentamos dificultades, malas rachas y decepciones, parece que el enemigo está en control. Es entonces cuando queremos pelear y resistirnos, nos enojamos y vivimos preocupados. Pero Dios está diciendo: «Dejen de resistirse. No peleen contra ello y no se amarguen. No intenten tomar la justicia en sus manos; confíen en mí. Yo estoy en control y estoy guiando sus pasos». Sí, debemos resistirnos ante la enfermedad y las adicciones, pero tampoco tienes que oponerte a todo lo que se cruce en tu camino. No deberías vivir preocupado y dejar que eso te quite el sueño. El enemigo no se ha salido con la suya; no tiene control sobre tu vida. Dios sigue en el trono. Aunque la traición fue injusta, Él no la detuvo porque te está llevando hacia tu destino. Sé que no te gustó experimentar aquella decepción, y aunque parezca que el enemigo tiene ventaja y la oposición te está cortando el paso, no sabes lo que Dios está planeando. Lo que no puedes ver es que al otro lado de la crucifixión (por decirlo de alguna manera) hay resurrección. Al otro lado de la traición, la enfermedad o la decepción hay un nuevo nivel de tu destino. Deja de resistirte y empieza a descansar.

A veces queremos jugar a ser Dios. Intentamos poner en su sitio a todo el mundo, defendernos a nosotros mismos, o arreglar la situación que estamos experimentando en el trabajo. ¿Por qué no sueltas el control? Dios no necesita tu ayuda. No quiere que le des

> *A veces queremos jugar a ser Dios.*

consejos, que intentes detener esas traiciones y evitar que ocurran esas malas rachas. No, deja de resistirte y deja que Él sea Dios. No tienes que luchar contra todo lo que se cruza en tu camino,

> *No puedes alcanzar tu destino sin un beso de Judas. No pelees contra Judas; bésalo tú también y sigue avanzando.*

y no puedes alcanzar tu destino sin un beso de Judas. No pelees contra Judas; bésalo tú también y sigue avanzando. No puedes convertirte en el ser que fuiste creado sin un Saúl envidioso, así como le ocurrió a David. No puedes alcanzar tu trono como pasó con José sin que la esposa de Potifar te acuse falsamente. Sin un rey Nabucodonosor que te arroje al horno de fuego, como les ocurrió a los tres jóvenes hebreos, no serás puesto en un lugar de honor. Sin un faraón que te tenga cautivo, como a los israelitas, no alcanzarás tu tierra prometida. La buena noticia es que la oposición no tiene el control, sino que es simplemente un instrumento en manos del Dios altísimo. Él está ordenando tus pasos, y nada ocurre sin su permiso.

Deja que el viento te lleve

En 1959, mi padre pastoreaba con éxito una iglesia. Acababan de construir un nuevo auditorio y él estaba en el consejo estatal de su denominación. La vida lo trataba bien, y parecía que tenía un futuro brillante allí. Sin embargo, cuando mi hermana Lisa nació con algo parecido a una parálisis cerebral, mi padre se fue a un hotel del centro de la ciudad para estar a solas unos días. Leyó la Biblia como si fuera la primera vez, y vio que Dios es un Dios que sana y quiere que vivamos una vida de bendición y victoria. Cuando regresó, comenzó a compartir este nuevo mensaje de fe y victoria con su congregación. Para su sorpresa, a algunos de los miembros no les gustó. No encajaba dentro de su tradición, y algunos de ellos dijeron que tenía que irse. Estaba muy decepcionado porque había pasado años invirtiendo su corazón y su alma en esas personas. Aunque mi padre pudo haber luchado contra ello, protestando y demostrándoles que estaba en lo cierto y ellos no, no se resistió. Entendió que esa puerta cerrada era la mano de Dios obrando, así que renunció a esa iglesia sintiéndose rechazado y traicionado. Después salió, junto con mi madre, y fundaron Lakewood en un almacén abandonado con noventa personas. Los críticos dijeron que la iglesia no permanecería, pero aquí estamos más de sesenta años después, más fuertes que nunca.

Dios sabía que mi padre no podía alcanzar su destino en ese ambiente lleno de limitaciones. A veces, lo mejor que puedes hacer es alejarte de las personas negativas e introducirte en un ambiente sano, positivo y lleno de fe. Las personas que estaban en su contra no eran personas malas; pensaban que estaban haciendo lo correcto, pero se convirtieron en instrumentos en las manos de Dios para impulsar a mi padre hacia su máximo potencial. Debes ser lo suficientemente maduro para saber cuándo resistirte y cuándo no. No debes pelear todas las batallas, porque Dios usa la traición, las puertas cerradas y la decepción para llevarte

> *Debes ser lo suficientemente maduro para saber cuándo resistirte y cuándo no.*

hacia tu propósito. ¿Qué habría ocurrido si mi padre se hubiera amargado, no hubiera cedido y no hubiera estado dispuesto a seguir avanzando? «Dios, sé que tú me quieres aquí de pastor». Se habría perdido su destino. No intentes controlar lo que ocurrirá en tu vida y te resistas ante lo desconocido; suelta el control y descansa. Mantente abierto a lo que Dios hará.

En Hechos 27, Pablo estaba prisionero en un barco que navegaba hacia Roma. Se le apareció un ángel que le dijo que iba a comparecer ante el César, pero en el camino se encontraron con una inmensa tormenta de vientos huracanados. Durante catorce días no vieron el sol o las estrellas, y aunque intentaron guiar el barco y mantener de alguna manera el rumbo, los vientos eran demasiado fuertes. En lugar de luchar contra ellos intentando hacer que el barco fuera donde ellos querían, la Escritura dice: «Recogieron las velas y dejaron que el viento trazara el rumbo del barco». Cuando has hecho todo lo que puedes hacer, has orado, has creído y te has mantenido firme en la fe, es el momento de hacer lo que hicieron ellos. Deja de resistirte e intentar que todo salga bien; deja de perder el sueño por ello y suelta el control. Dios no te llevará a lugares en los que no pueda sostenerte.

¿Cómo se suelta el control? Deja de preocuparte por ello, no permitas que te quite el sueño y deja de intentar que ocurra a tu manera, diciendo: «Dios, confío en ti. Sé que estás en control de estos vientos. Aunque soplen del frente, de atrás, de la izquierda o de la derecha, hay una cosa de la que estoy seguro: el lugar al que tú me lleves es precisamente el lugar en el que debo estar». Eso es lo que hizo mi padre. Dejó que el viento lo llevara hasta Lakewood. Si te mantienes firme en la fe, Dios redirigirá los vientos que debían detenerte, y en lugar de bloquear tu paso, esos vientos te impulsarán hacia adelante. Eso es lo que dice la Escritura: «Dios hará que lo que debía hacerte

> *Si te mantienes firme en la fe, Dios redirigirá los vientos que debían detenerte, y en lugar de bloquear tu paso, esos vientos te impulsarán hacia adelante.*

daño obre a tu favor». ¿Te estás resistiendo o estás descansando? ¿Intentas controlarlo todo, forzando las cosas y viviendo preocupado porque no está ocurriendo lo que tú querías? ¿Por qué no recoges las velas y confías en lo que Dios está haciendo? Puede que ahora no lo entiendas y que no tenga sentido, pero algún día verás que fue un paso necesario para alcanzar tu destino. Parecía un obstáculo, pero la realidad es que era un escalón.

Lo que no puedes ver

Hablé con una chica joven que estaba feliz con su vida hasta que le diagnosticaron tuberculosis. Faltaba tanto al trabajo que la despidieron, y como no podía pagar su apartamento, una amiga le dejó quedarse con ella. Finalmente consiguió un trabajo con una aerolínea importante, y estaba muy emocionada por poder empezar de nuevo, pero entonces llegó la pandemia. Cuando la aerolínea recortó su jornada laboral a tan solo unas horas por semana, tuvo que buscar un segundo empleo en una empresa de seguridad. Una noche, le robaron su camión en el trabajo; parecía que solo le ocurrían cosas malas. Rentó un auto, y estaba sintonizado el canal de radio SiriusXM. Ella dijo que estaba tan desanimada que necesitaba reírse un rato, así que empezó a buscar en los canales de radio algún comediante. Llegó a nuestra estación, el canal 128, y pensó que yo parecía un comediante, así que se quedó escuchando. Cuando se dio cuenta de que no era un comediante, ya no podía dejar de escuchar. Su corazón comenzó a llenarse de esperanza y de una visión renovada, sus sueños comenzaron a cobrar vida, y terminó entregando su vida a Cristo.

Recientemente, la empresa de seguridad le ofreció la oportunidad de trasladarse a Hawái para ocupar un puesto como gerente.

Vivir allí siempre había sido su sueño, y como trabaja para la aerolínea, puede ir y venir sin costo alguno. Ella me dijo: «Ahora miro atrás a todo lo que me ocurrió, y me doy cuenta de que todo estaba obrando a mi favor. Si no me hubieran robado el camión, no habría conocido al Señor. Si no trabajara para la aerolínea, no tendría los viajes gratis. Si no me hubieran recortado la jornada laboral, no habría aceptado este empleo y, por lo tanto, no habría tenido esta nueva oportunidad de mudarme a Hawái». En el momento no podía verlo, pero los vientos de la tormenta estaban impulsándola a donde Dios quería que estuviera.

Las dificultades y los problemas que estás enfrentando no te van a detener. Las dificultades son medios de transporte. No luches con todo, no vivas preocupado y te preguntes: «¿Por qué ocurrió esto?». Dios sabe lo que está haciendo, y te tiene en la palma de su mano. Puede que no lo haga en el tiempo que tú pensabas, pero el lugar al que Él te está llevando es mejor de lo que imaginas.

El Salmo 55 dice: «Echa todas tus preocupaciones sobre el Señor, suelta la carga que suponen y Él te sustentará». ¿Cuántas cargas llevas encima? Tal vez sea la carga de la preocupación, la carga de lo que no entiendes, o la carga de saber cómo vas a superar una temporada difícil. Esas cargas te están desgastando no solo emocionalmente sino también mentalmente e incluso físicamente. Tienes que hacer algo. Dios no va a quitarte la carga; eres tú el que tiene que soltar la preocupación, la frustración, o el querer tenerlo todo controlado. Vuelve a tener paz. La actitud correcta es: *Dios, mi vida está en tus manos. Te entrego mis sueños, mi familia, mis finanzas y mi salud. No voy a luchar contra todo lo que no me gusta; no voy a vivir quejándome cuando las cosas no salen como yo había planeado. Sé que estás haciendo que todo obre para mi bien, y confío en tus*

> ¿Cuántas cargas llevas encima?

tiempos. Confío en tus caminos. Cuando has creído, puedes entrar en su descanso. Lo que te estoy pidiendo es que dejes de resistirte y comiences a descansar. Si sueltas el control, creo y declaro que las cargas que han pesado sobre ti están comenzando a ser quitadas en este mismo momento. Dios está a punto de cambiar la dirección del viento de esa tormenta, y en lugar de soplar en tu contra, te impulsará hacia adelante. El ascenso ya está en camino, la sanidad ya está en camino, la libertad ya está en camino, la plenitud de tu destino.

CAPÍTULO 5

Despeja tu mente

No darás a luz a tus sueños si tu mente es un lugar desordenado.

Es fácil ir por la vida preocupados por nuestro futuro, estresados por nuestras finanzas o frustrados con nuestro jefe. Somos tentados a vivir sintiéndonos culpables de nuestros errores pasados, amargados por las cosas que salieron mal, o enojados con la persona que nos hizo daño. Nos preguntamos por qué no podemos dormir en la noche, por qué no disfrutamos de nuestra vida, y por qué no tenemos pasión por nuestros sueños; es porque nuestra mente está desordenada y llena de trastos. No puedes impedir que las cosas negativas ocurran, pero puedes evitar que se queden contigo; no tienes por qué aferrarte a ellas. Cuando cometes errores, llegarán la culpa y la condenación para decirte que no eres suficiente. Puedes aferrarte a ellas y deprimirte, o puedes dejarlas ir y decir: «Padre, gracias porque soy perdonado y redimido. El pasado quedó atrás y hoy es un nuevo día».

Cuando algo no sale bien y te decepcionas, puedes aferrarte a esa decepción y vivir desanimado o puedes dejarla ir y decir:

«Dios, sé que tienes algo mejor preparado para mí. Sé que tus planes para mí son de bien y que estás dirigiendo mis pasos». Cuando el reporte médico no sea bueno, cuando el contrato no sea aceptado, o cuando estés enfrentando alguna situación legal difícil, puedes vivir preocupado y estresado, y pensar: *¿Qué voy a hacer?* O puedes soltarlo todo y decir: «Dios, sé que tú estás peleando mis batallas. Sé que lo que debía hacerme daño tú lo cambiarás para mi bien; no sé cómo lo vas a hacer, pero sé que lo harás». Puedes despejar tu mente y deshacerte de los pensamientos negativos que te roban la paz, el gozo, y drenan tus energías. Por eso, la Escritura nos dice que guardemos nuestro corazón y nuestra mente. Si quieres que haya paz en tu mente, tienes que ser proactivo, porque durante todo el día habrá oportunidades para que tu mente se desordene. Habrá ruido, drama, estrés, preocupaciones, culpa y envidia. Llegarán; pero no tienes por qué aferrarte a ellas.

> *Puedes deshacerte de los pensamientos negativos que te roban la paz, el gozo, y drenan tus energías.*

Es momento de intervenir

Vi un documental sobre el síndrome de Diógenes (personas que no tiran nada a la basura). Había una mujer que vivía sola en una casa de dos pisos, pero era imposible llegar a la planta superior. La casa estaba llena de montañas de viejos periódicos, cajas de cereal vacías, y latas de comida que se había comido hacía treinta años atrás. Había un camino estrecho para poder llegar a la cocina, al baño, y a un pequeño rincón en el que dormía rodeada de montañas de basura. Podrás imaginar cómo olía y lo poco higiénico que era aquello. La situación era tan crítica, que las autoridades tuvieron que intervenir. Llamaron a la puerta de entrada, pero la mujer no podía abrirla, así que tuvieron que entrar a presión por una pequeña puerta lateral. En un punto, una de las autoridades recogió lo que parecían miles de envoltorios de helados que había en el rincón de una habitación y le preguntó si podía tirarlos. Ella le dijo que eran de sus hijos, que eran valiosos, y que tenía que dejarlos donde estaban. Sus hijos tenían cuarenta años. Para todos era obvio que lo único que estaba haciendo era almacenar basura, pero ella no se daba cuenta. Estaba tan enfocada en aferrarse a todas las cosas de su pasado, que no se daba cuenta de cómo eso estaba limitando su vida, impidiéndole vivir en el presente y crear nuevos recuerdos con sus seres queridos.

> *¿Cuántos de nosotros tenemos síndrome de Diógenes cuando se trata de nuestra mente?*

¿Cuántos de nosotros tenemos síndrome de Diógenes cuando se trata de nuestra mente? Nos aferramos a los pensamientos negativos, y hay tanta basura en nuestra mente que no podemos disfrutar de nuestra vida. Nos vamos a dormir en la noche, pero nos despertamos cansados porque no pudimos descansar; nuestra mente estuvo trabajando toda la noche. Dios se ha encargado de que leas esto, porque Él quiere intervenir. Quiere ayudarte a que sueltes la preocupación, el dolor, las ofensas y la frustración, porque esas cosas están limitando tu vida. Lo interesante es que las autoridades no obligaron a esa mujer a tirar las cosas; fue su decisión. Con el tiempo, ella decidió hacerlo, aunque no fue fácil. Su mente le gritaba que siguiera aferrándose a aquella basura, porque era lo único que había conocido durante años. Vivir entre la basura se había convertido en algo normal para ella, y no pensaba que tener todo eso acumulado en su casa era algo malo.

A veces, hemos vivido preocupados por tantos años que se ha vuelto algo normal, o estamos acostumbrados a vivir llenos de culpa. Hemos pasado toda la vida sintiendo que no damos la talla, que no merecemos bendición, y que hemos cometido demasiados errores. Le hemos dado tantas vueltas a esas cosas que al final las hemos creído. O tal vez crecimos sintiéndonos inferiores a los demás y viviendo de esa manera. Nuestros pensamientos siempre nos han dicho que no tenemos talento, que no somos atractivos, o que no tenemos una buena personalidad; no supimos no hacerles caso. Creímos esas mentiras durante años y ahora nuestra mente está llena de basura. La buena noticia es que hoy es el día en el que alguien intervendrá. Es el momento de deshacernos del desorden. Dios no te va a obligar a hacerlo; es una decisión que tú debes tomar.

> *A veces, hemos vivido preocupados por tantos años que se ha vuelto algo normal.*

Debes decir a esos pensamientos que te dicen que no das la talla: «No, gracias; no son bienvenidos aquí. Soy una creación admirable y por mis venas corre sangre real. Llevo puesta una corona de favor». Saca lo negativo. Ya hay suficientes personas en tu vida que están en tu contra; no lo estés tú también. Fuiste creado a imagen del Dios todopoderoso que no comete errores, y Él no te hizo con defectos. Dice que eres una obra de arte; su posesión más preciada. Mi reto para ti es el siguiente: no critiques lo que Dios ha creado. No vuelvas a decir algo negativo sobre ti mismo.

> *No critiques lo que Dios ha creado. No vuelvas a decir algo negativo sobre ti mismo.*

Una mesa preparada en presencia
de tus enemigos

La mujer que tenía síndrome de Diógenes tenía una casa preciosa pero no podía disfrutar de ella. No podía, por ejemplo, subir a la planta de arriba por culpa de la basura. De la misma forma, si tú no te deshaces de la basura de tu mente, ésta te impedirá ir a otro nivel. La preocupación te impedirá seguir avanzando, estar amargado ocultará nuevas oportunidades, vivir estresado hará que tengas problemas de salud, e ir por la vida con culpa te impedirá alcanzar tus sueños. Te lo pido: saca la basura y el desorden de tu mente.

«Bueno, Joel, pero es que esas personas me hicieron daño. No fue justo; por eso estoy amargado y enojado». Eso ocurrió hace veintisiete años atrás. ¿Por qué todavía te aferras a ello? ¿Por qué todavía estás resentido con aquella persona que se fue de tu vida, amargado por la forma en que fuiste criado o enojado con la empresa que no te trató bien? No tengas síndrome de Diógenes. No permitas que esas cosas envenenen tu futuro. Ya te hicieron daño una vez; no permitas que lo sigan haciendo. Reconoce que eso está llenando tu mente de basura y limitando tu visión; está obstaculizando las cosas nuevas que Dios tiene preparadas para ti. No estoy diciendo que lo que hicieron no fuera doloroso, ni estoy excusando ese comportamiento. Pero, mientras sigas aferrado a ello, seguirás dando poder sobre tu vida a esas personas; estarás permitiendo que te controlen.

La energía emocional que tienes para cada día es limitada. ¿Sabes cuánta energía hace falta para guardar rencor contra alguien, estar amargado, y estar pensando en cómo puedes vengarte? Eso es gastar energía valiosa que tus sueños, tu familia y tu destino necesitan. Dios dijo que Él te daría belleza en lugar de cenizas, pero esta es la clave: tienes que dejar ir las cenizas para poder recibir la belleza. No puedes aferrarte al dolor, vivir ofendido y amargado, y a la vez ser testigo de las cosas nuevas que Dios tiene preparadas para ti. Tienes que sacar la basura de tu mente; eso es lo que creará espacio para que Dios pueda darte la belleza.

> *¿Sabes cuánta energía hace falta para guardar rencor contra alguien, estar amargado, y estar pensando en cómo puedes vengarte?*

El error que cometemos es pensar que tenemos que vengarnos; que tenemos que responder con el ojo por ojo. Eso no te corresponde a ti. Si se lo entregas a Dios, Él será tu vindicador. Él será el que haga justicia en tu vida porque vio cada injusticia, cada herida y cada persona que se aprovechó de ti. Yo he aprendido que Dios te vindicará mejor de lo que tú podrías vindicarte a ti mismo. David dice en el Salmo 23: «Dios preparará una mesa para mí en presencia de mis angustiadores». Eso significa que, cuando Dios te levante, las personas que te hicieron daño, intentaron retenerte, y dijeron que no tienes lo que hay que tener, verán cuando recibas ese

> *Cuando Dios te levante, las personas que te hicieron daño, intentaron retenerte, y dijeron que no tienes lo que hay que tener, verán cuando recibas ese ascenso, seas honrado, o estés en una posición de influencia.*

ascenso, seas honrado, o estés en una posición de influencia. Dios no te vindicará en privado; lo hará en público para que tus enemigos vean tu bendición, tu favor y tu éxito.

Cuando mi padre pasó a morar con el Señor y yo pasé a ser

el pastor de la iglesia, era una persona muy insegura; nunca antes había ministrado. Un domingo en la mañana, justo después de haber terminado de ministrar, estaba caminando por el vestíbulo y escuché a dos mujeres mayores que conversaban. Una de ellas dijo: «No es tan bueno como su padre». La otra respondió: «Sí, no creo que tenga éxito». Eso era lo último que necesitaba escuchar; era mi peor pesadilla. Ya estaba siendo tentado a echarme atrás y pensar: *No puedo hacer esto. No tengo el entrenamiento necesario y nadie va a querer escucharme.* Pero sentí que algo en mí se rebelaba, y pensé: *¿Quiénes son ellas para decirme lo que no puedo hacer? Ellas no deciden mi destino. No fueron ellas las que soplaron vida en mí, y tampoco me conocían antes de que fuera formado en el vientre de mi madre. Ellas no me llamaron, ni me equiparon ni me ungieron. No necesito que estén a favor de mí y tampoco necesito su aprobación.*

Hice lo que ahora te estoy pidiendo a ti que hagas. Saqué la basura de mi mente. Cada vez que sus voces venían a mi cabeza, yo decía: «No, gracias. Sí que soy capaz. Soy fuerte en el Señor. Si Dios está conmigo, no importa que el resto del mundo esté contra mí». Es posible que siga sin caer bien a esas dos mujeres, y no pasa nada. Cuando prendan el televisor seguramente me verán, y cuando pongan la radio en el canal SiriusXM seguramente me escucharán. ¿Qué es eso? Es Dios preparando una mesa en presencia de mis enemigos.

Estén quietos y conozcan

Cuando estábamos intentando comprar el Compaq Center para convertirlo en nuestras instalaciones, un amigo mío estuvo en un desayuno en el que un líder de negocios bastante conocido le dijo a todo el grupo de ejecutivos locales que Lakewood conseguiría ese edificio cuando hubiera un día de frío en el infierno. Tanto él como algunas otras personas muy poderosas estaban en contra nuestra, y no sabía que una de las personas que estaban en ese desayuno era mi amigo. Teníamos todo en contra y nos enfrentábamos a una empresa mucho más grande y con más recursos, pero Dios hizo que ocurrieran cosas que nosotros nunca podríamos haber hecho que ocurrieran, y conseguimos el edificio. Me imagino que ahora, cada vez que ese empresario maneja por la autopista y ve el edificio con el cartel gigante que pone Lakewood, debe pensar que hace frío en el infierno. ¿Qué fue eso? Fue Dios honrándonos delante de nuestros enemigos. No me estoy jactando de eso; solo digo que Dios sabe cómo vindicarte. Si Él lo hiciera en privado, sería bueno y estaríamos agradecidos por ello, pero Él lo hará en público. Está preparando la mesa en presencia de tus enemigos.

Eso significa que, cuando tengas oposición, estés en problemas, y haya personas que se levanten en tu contra, Dios tiene ahí puesta una mesa. La clave está en no luchar contra la oposición; en no intentar vengarte o demostrar que tienes razón, ni vivir enojado, preocupado o frustrado. No, siéntate en la mesa que Dios ha preparado. Si descansas, Dios se pondrá manos a la obra; pero cuando tú trabajas, Dios descansa. Mientras estés preocupado intentando en tus propias fuerzas que las cosas ocurran, estarás limitando lo que Dios puede hacer. Dios dice en Salmos 46: «Estén quietos y conozcan que yo soy Dios». Deshazte de la preocupación, de la ofensa y de la negatividad. Vive lleno de paz y de fe, descansando en Dios, porque Él te tiene en la palma de su mano. Nada de lo que estás enfrentando le sorprende.

> *Si descansas, Dios se pondrá manos a la obra; pero cuando tú trabajas, Dios descansa.*

En 2 Crónicas 20, cuando los israelitas se enfrentaban a un gran ejército enemigo, Él les dijo: «Quédense quietos y verán cómo el Señor los rescata». Dios no se refería solamente a que descansaran físicamente; también debían estar quietos en sus mentes y actitudes. Seguro que, igual que ellos, tienes muchas razones para preocuparte, estar enojado, y no poder dormir en la noche, pero cuando estás en paz, esa es una posición

> *Cuando estás en paz, esa es una posición de poder.*

de poder. Cuando vives lleno de paz, le estás demostrando a Dios que confías en Él. Cualquiera puede permanecer en la fe y tener una buena actitud cuando todo va según sus planes, pero la prueba llega cuando el reporte médico no es bueno, un amigo te abandona, no te conceden el préstamo, o cuando tu hijo se ha desviado del camino. En ese momento sería fácil dejar entrar toda la basura; pero no, está quieto. Ese es el momento de demostrarle a Dios que confías en Él no solo con tus palabras, sino también con tus acciones.

¿Quién pelea tus batallas?

El objetivo del enemigo es la mente. Nuestra mente es el centro de control de nuestra vida, y él quiere llenarla de basura y dudas. *¿Y si las cosas van mal? ¿Y si mi salud no mejora? ¿Y si no me contratan?* Dios no puede cambiar las cosas mientras nuestra mente esté llena de basura, porque Él trabaja donde hay fe.

En 2 Crónicas 32, el rey de Asiria invadió Judá con un ejército inmenso y sitió sus grandes ciudades fortificadas, rompiendo los muros y capturando al pueblo. La ciudad de Jerusalén sería la siguiente en ser atacada, y la noticia se extendió rápidamente por la ciudad. No hay duda de que el pueblo estaba preocupado y temeroso, y pensaba: *¿Qué vamos a hacer? Son mucho más numerosos que nosotros.* El rey Ezequías reunió al pueblo en la plaza de la ciudad y dijo: «No tengan miedo de este poderoso ejército, porque el poder que está de nuestro lado es mucho mayor. Puede que el enemigo tenga un gran ejército, pero son solo hombres. Nosotros tenemos al Señor nuestro Dios que pelea por nosotros».

Cuando te enfrentas a un gran enemigo debes recordarte a ti mismo que nuestro Dios es más grande que cualquier cáncer, más grande que las personas que intentan detenerte, más grande que la adicción, y más grande que el problema financiero. La manera de permanecer llenos de paz es no hablar de cuán grande es el enemigo, sino de cuán grande es nuestro Dios. Él puso a las estrellas en su lugar, habló y se creó el mundo, separó las aguas del mar Rojo, sanó a mi mamá de cáncer terminal, y nos dio el Compaq Center. La buena noticia es que Él está soplando en dirección a ti ahora mismo. Él está haciendo retroceder las fuerzas de la oscuridad, así que no dejes que el temor se apodere de tu mente. No permitas que las dudas te impidan ver un milagro. No dejes que lo que diga la gente te quite la ilusión de tus sueños.

> *La manera de permanecer llenos de paz es no hablar de cuán grande es el enemigo, sino de cuán grande es nuestro Dios.*

El rey de Asiria envió una carta a los israelitas, intentando intimidar al rey Ezequías y a todo el pueblo de Judá. Decía: «Hemos capturado todas las ciudades a nuestro paso, hemos derrotado a todos los pueblos y ninguno de sus dioses los salvó. ¿Qué les hace pensar que su Dios los salvará?». El enemigo siempre intentará vencerte primero en tus pensamientos. *Joel, no puedes salir y* ponerte delante de un público, no tienes la preparación ni la experiencia. Los pensamientos te susurrarán: *No te vas a poner mejor; tu abuela murió de lo mismo. Nunca dejarás esa adicción. Nunca conocerás a la persona indicada.* No te creas esas mentiras; no te lo estaría diciendo si no supiera que esas cosas ya están de camino.

Haz como Ezequías y di: «Puede que este problema sea grande, pero tengo un secreto: mi Dios es más grande. Él está sentado en el trono y tiene la última palabra. Él terminará lo que empezó». Si Ezequías no hubiera sido proactivo a la hora de cuidar su mente y declarar victoria ante el pueblo, seguramente todos se habrían estresado y entrado en pánico, pero en lugar de eso pudieron mantener la calma. Después de que Ezequías y el profeta Isaías oraron, la Biblia dice que «Dios envió un ángel que destruyó el ejército entero, incluyendo a los comandantes y oficiales. El rey de Asiria volvió deshonrado a su tierra». Dios sabe cómo vindicarte y cómo darle la vuelta a ese problema. Un solo ángel se ocupó de un montón de personas, así que no pierdas la fe. Cuando seas tentado a preocuparte, transforma esa preocupación en alabanza. «Señor, gracias por pelear mis batallas. Gracias porque ningún arma forjada contra mí prosperará, y gracias porque mis enemigos caerán en la trampa que habían preparado para mí».

> *Cuando seas tentado a preocuparte, transforma esa preocupación en alabanza.*

Solo haz tu parte

Si quieres deshacerte del desorden, debes saber cuál es tu parte del trabajo y cuál es la de Dios. A veces nos frustramos porque intentamos hacer lo que solo Dios puede hacer, pero hay cosas que nosotros no podemos arreglar. No puedes forzar a tu cuerpo a sanar, conseguir que otra persona haga lo correcto, o hacer que se abran determinadas puertas. Nuestra parte es creer, no perder la fe, y dejar que Dios haga su parte. Confía en que Él se encargará de todo. Ezequías pudo haber pensado: *Dios está de mi lado; atacaré al ejército de ese rey y así sabrá lo que es bueno.* Seguramente no estaríamos leyendo su historia si hubiera hecho eso. No digo que te quedes sentado en actitud pasiva, pero es que hay algunas batallas que no debes pelear; deja que Dios las pelee por ti. El Compaq Center fue una batalla de tres años. Nosotros hicimos lo que pudimos, pero nos dimos cuenta de que nos venía demasiado grande y dijimos: «Dios, solo tú puedes hacer que esto ocurra. Nos quedaremos quietos y conoceremos que tú eres Dios». Igual que con Ezequías, Dios intervino e hizo que ocurrieran cosas que nosotros nunca podríamos haber hecho.

> *Hay algunas batallas que no debes pelear; deja que Dios las pelee por ti.*

El tiempo de espera, hasta que Dios cambie las cosas, es una prueba. Es fácil vivir preocupados, enfocarse en el problema, y pensar en todas las razones por las que las cosas no saldrán bien. Saca esa basura. El profeta Isaías dice: «Tú guardarás en perfecta paz a aquel cuyo pensamiento en ti persevera». Nuestra parte es mantener la mente enfocada en Él. «Padre, gracias porque tú estás en control. Gracias porque trabajas a mi favor, y el destino que tú tienes planeado para mi vida se cumplirá». Cuando hacemos nuestra parte, Dios hace la suya. No solo te guardará en completa paz, sino que también te llevará a donde debes estar.

En Daniel 3, había tres jóvenes hebreos que estaban a punto de ser arrojados a un horno de fuego, porque no quisieron postrarse ante el ídolo de oro del rey. El rey los amenazó por última vez, pero ellos dijeron: «Rey, no nos postraremos. Sabemos que nuestro Dios puede librarnos». Su actitud era una muestra de su fe, pero lo que dijeron a continuación es la clave de todo: «Pero, aunque no lo haga, aun así, no nos postraremos». Qué declaración tan poderosa. Cuando puedes decir: «Estaré en paz si sale como yo quiero, pero también estaré en paz si no sale como yo quiero», le quitas todo el poder al enemigo. Si solo estarás feliz cuando las cosas ocurran a tu manera, prepárate para sufrir decepciones. Por qué no lo llevas un paso más allá, diciendo: «Dios, tú sabes qué es lo mejor para mí. Esto es lo que quiero, esto es lo que estoy creyendo que va a ocurrir, pero, aunque no ocurra seguiré teniendo paz. Seguiré haciendo mi mejor esfuerzo y seguiré alabándote porque confío en ti, Dios». Eso le permite a Dios hacer cosas asombrosas.

> *Si solo estarás feliz cuando las cosas ocurran a tu manera, prepárate para sufrir decepciones.*

Vive en quietud

Hoy en día hay mucho ruido a nuestro alrededor, muchos dramas, y muchas cosas que pueden arrastrarnos. Hay muchas preocupaciones, ofensas, dudas y envidias, pero solo porque estén a nuestro alrededor no significa que tengan que colarse en nuestra vida. Presta atención a las cosas a las que estás dando acceso a tu espíritu; que en tu familia haya rencillas y en tu trabajo haya división no significa que tengas que participar de ello. Escoge un camino mejor y no caigas en la trampa. Puede que te frustre la política de tu trabajo o las personas que no te tratan correctamente, y es fácil dejar que eso amargue tu día y haga que vuelvas a casa lleno de negatividad. No, saca esa basura. Tu tiempo es demasiado valioso como para pasarlo ofendido y enojado. La vida vuela; nunca podremos recuperar este día. Vívelo en paz y lleno de fe.

A veces nos enganchamos tanto al drama y nos acostumbramos a estar al límite, apagar un fuego detrás de otro, preocuparnos por diferentes situaciones o pelearnos con algún familiar, que se nos olvida lo que es no tener toda esa basura y estar en paz. Sin embargo, Dios nos creó para vivir en paz. En el jardín del Edén, antes de que Adán y Eva comieran del fruto prohibido, no existían el tráfico, la envidia, la política, la preocupación o la traición. Solo había paz, y ellos estaban gozosos. Sí, las cosas han cambiado y ahora no es así, pero a pesar de ello tú puedes vivir con paz en tu interior; no tienes por qué dejar que lo que está afuera se cuele en tu interior. Tal vez te has acostumbrado a la basura y el desorden, y ya no te molesta. No solo no te das cuenta del olor, sino que además esa basura está bloqueando tu visión y limitando tu potencial, como le pasó a la señora con síndrome de Diógenes. La preocupación no te sienta bien, y estar ofendido, estresado y lleno de envidia no es tu estilo. Saca la basura e irás a otro nivel.

> *A veces nos enganchamos tanto al drama y nos acostumbramos a estar al límite, apagar un fuego detrás de otro, preocuparnos por diferentes situaciones o pelearnos con algún familiar, que se nos olvida lo que es no tener toda esa basura y estar en paz.*

He leído que las ovejas no dan a luz en lugares con mucho ruido. Cuando una de ellas se pone de parto se aleja de la manada,

> *No podrás dar a luz a tus sueños si tu mente es un lugar con mucho ruido.*

se aparta de la conmoción y el ajetreo, y busca un lugar tranquilo. En ese ambiente de paz es donde da a luz. De igual manera, no podrás dar a luz a tus sueños si tu mente es un lugar con mucho ruido. No darás a luz a los logros por los que estás creyendo si tu mente está preocupada y estresada, y no darás a luz a tu potencial si tu mente está llena de dolor, remordimiento y amargura. Tal vez te preguntas por qué Dios no está obrando, y quizá Él está esperando a que busques un lugar tranquilo. Aunque a tu alrededor haya mucho ruido, puedes tener paz en tu interior. Cuando sabes que Dios está en control, que Él dirige tus pasos y que nada puede hacerle frente, puedes tener tranquilidad. Una mente libre de basura y desorden es una fuerza muy poderosa.

David dice lo siguiente en el Salmo 23: «Dios me hace descansar en delicados pastos y me guía junto a aguas de reposo». Podrías pensar que, como rey, David tenía una vida fácil, que todo le iba bien y que, de hecho, vivía permanentemente rodeado de esos delicados pastos. Sin embargo, la realidad era justamente la contraria. Su vida estaba llena de retos, personas que intentaban tirarlo abajo,

> *Es el momento de deshacerse de las preocupaciones, las ofensas, el temor y las dudas. Dios quiere que des a luz a cosas nuevas.*

ejércitos que intentaban derrotarlo, y ni siquiera su familia creía en él. Sin embargo, dijo: «Me acuesto en delicados pastos junto a aguas de reposo». No se refería solo a lo físico; se refería a su mente. A pesar de todas las cosas que venían en su contra, en su interior tenía paz. Dios te dice: «Acércate a los delicados pastos, ven junto a estas aguas de reposo». No tienes por qué cargar con

toda la basura. Es el momento de deshacerse de las preocupaciones, las ofensas, el temor y las dudas. Dios quiere que des a luz a
cosas nuevas, y ¿sabes dónde darás a luz? Junto a aguas de reposo.
Si te quedas quieto, conocerás que Él es Dios y lo verás moverse
claramente en tu vida. Pero eso lleva implícito que, si no te quedas
quieto, te perderás la plenitud de lo que Él tiene preparado.

Me pregunto cuánto más disfrutarías de la vida y cuánto
más tiempo y con más salud vivirías si escogieras deshacerte de la
basura y el desorden que hay en tu mente. Vivir lleno de culpabilidad no es tu destino, y caminar por ahí deprimido o pensando que
tus problemas son demasiado grandes no es el diseño de Dios para
ti. Saca todo lo negativo y programa tu mente con lo que Dios dice
acerca de ti. Si lo haces, creo y declaro que no solo vas a disfrutar
más tu vida, sino que también darás a luz sueños, favor, logros y
sanidad. Dios te llevará más allá de lo que hayas podido imaginar.

CAPÍTULO 6

Cómo lidias con las personas difíciles

No puedes controlar cómo te tratan los demás, pero sí como tú respondes.

Pensé en titular este capítulo «Cómo lidias con los amigos, la familia y los compañeros de trabajo». Seguramente haya alguien en tu trabajo que te pone nervioso, un amigo que tiene celos y te deja de hablar, o un hijo que es muy difícil. Tal vez sea un vecino que es muy maleducado o un familiar a quien le caes mal y no habla bien de ti. El modo en que lidias con las personas difíciles determinará cuán lejos llegarás. Si los tratas como ellos te tratan a ti, te atascarás; si ellos te faltan al respeto y tú respondes haciendo lo mismo, no avanzarás.

> El modo en que lidias con las personas difíciles determinará cuán lejos llegarás.

Las Escrituras dicen: «El mal se vence con el bien». La manera de vencer la falta de respeto nunca es con más falta de respeto; tampoco triunfaremos haciendo a otros el mismo mal que ellos nos hicieron. Es ahí donde Dios prueba tu carácter y decide cuánto te puede confiar. ¿Estarás por encima y pasarás por alto el insulto? ¿Te mantendrás al margen, sin morder el anzuelo del conflicto? La energía emocional que tienes para cada día es limitada; no es un suministro ilimitado. Hace falta mucha energía para enojarse, vivir ofendido, pensar en lo que alguien dijo de ti, o intentar poner a la gente en su lugar.

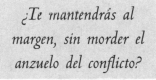

¿Te mantendrás al margen, sin morder el anzuelo del conflicto?

Necesitas esa energía para alcanzar tus sueños, para perseguir tus metas, y para disfrutar de tu familia. No la gastes en cosas que no importan.

No puedes controlar cómo te tratan los demás, pero sí puedes controlar cómo respondes. Cuando alguien es grosero contigo, no tienes por qué enojarte. Cuando alguien te corta el paso en el tráfico, no tienes por qué dejar que eso arruine tu mañana. No puedes controlar que un compañero de trabajo se olvide de ti, pero sí puedes seguir estando tranquilo sabiendo que Dios pelea tus batallas. Cuando te mantienes al margen y pasas las cosas por alto no solo disfrutarás más tu vida, sino que también estarás demostrándole a Dios que puede confiarte más influencia y más favor. No pases los próximos veinte años permitiendo que las mismas situaciones sigan enojándote, que el mismo compañero de trabajo te ponga nervioso, o que el mismo familiar gruñón te robe el gozo. Puede que ellos no cambien, pero la clave es la siguiente: tú sí puedes hacerlo. A veces nos hemos entrenado a nosotros mismos para responder de cierta manera. «Si dicen esto, me enojaré. Si se olvidan de mí, me olvidaré de ellos. Si mi tío el loco se burla de mí, le pondré en su lugar». El problema es que estás dejando que ellos te controlen. Si hacen las cosas de determinada forma, eso arruinará tu día; ¿por qué no recuperas el control?

¿Por qué no recuperas el control?

Amontona carbones encendidos
sobre sus cabezas

Las Escrituras dicen: «No le abras la puerta al enojo». Las personas no pueden obligarte a enojarte; tú tienes que darles permiso para que te hagan enojar. Tienes que tomar la decisión: *Estoy ofendido. Estoy desanimado. Estoy molesto.* Algunas personas saben exactamente qué botones apretar para sacarte de tus casillas. La próxima vez que aprieten esos botones, solamente sonríe y di: «Esta vez no. Voy a seguir estando en paz y a disfrutar este día».

Si alguien te falta al respeto, es grosero contigo y siempre te está buscando los fallos, tiene asuntos con los que no ha lidiado. Eso hace que termine lleno de amargura, enojo e inseguridades, y a veces ese veneno querrá mancharte a ti. Tienes que mantenerte a la ofensiva: «Puede que estén siendo maleducados, pero no caeré en la trampa. Voy a estar tranquilo y voy a ser respetuoso independientemente de cómo me traten». «Mi jefe celebra el trabajo de todos menos el mío y da el mérito de mi trabajo a otros, pero no voy a vivir amargado. No trabajo para las personas; trabajo para Dios». Puede que digas: «Joel, si siempre me quedo al margen, las personas se aprovecharán de mí. Pareceré débil; tengo que defenderme». Pero debes saber que si te mantienes al margen nunca te equivocarás. Nunca pierdes si eres amable, pasas por alto una ofensa, o decides mantener la calma.

Las Escrituras dicen: «Tratar bien a tus enemigos es como amontonar carbones encendidos sobre sus cabezas». Lo lógico sería pensar que tratar a nuestros enemigos igual que ellos nos tratan a nosotros sería una buena manera de vengarnos. «Si hablan mal de mí, yo voy a hablar mal de ellos. Si se olvidan de mí, yo me olvidaré de ellos. Si ella es maleducada conmigo, yo también puedo serlo». Nuestra carne disfruta cuando le damos a alguien su merecido, pero nunca vas a prosperar a base de devolver mal por mal. La manera de ver favor y bendición en tu vida es bendecir a tus enemigos. «Amontonar

> *Nunca vas a prosperar a base de devolver mal por mal.*

carbones encendidos sobre su cabeza» es regalar leña a tu enemigo cuando su fuego se ha apagado durante la noche. Cuando haces el bien a quienes no te hacen el bien a ti, no solo te elevará, sino que además Dios se encargará de los que no te están tratando correctamente. Él sabe cómo usar esos carbones encendidos, cómo tomar esa bondad y poner presión sobre ellos para hacer que piensen diferente acerca de ti.

Abre tus alas y vuela más alto

Las Escrituras se refieren en varias ocasiones a los creyentes como águilas. El profeta Isaías dice: «Levantarán alas como las águilas». El hecho de que Dios escogiera la imagen de un águila es importante, porque un águila puede volar a una altitud de tres mil metros o más y puede planear durante horas sobre las corrientes y las ráfagas de aire. Leí que a los cuervos, por naturaleza, les gusta molestar a las águilas, y aunque éstas son más grandes y más fuertes, los cuervos son más ágiles; pueden girar y maniobrar más rápidamente. A veces, solo para molestar a las águilas, los cuervos las siguen muy de cerca como para fastidiar, intentando desesperarlas. Las águilas podrían dar media vuelta e intentar pelear, pensando: *Yo soy más grande que este cuervo; voy a demostrarle de lo que soy capaz.* En cambio, cuando las águilas se cansan

> **Los cuervos no pueden subir tan alto como las águilas.**

de lidiar con los cuervos no intentan maniobrar para perderlos, moviéndose de derecha a izquierda; lo que hacen es simplemente empezar a volar más y más alto. Los cuervos no pueden subir tan alto como las águilas, ya que muy pocas veces vuelan a más de trescientos metros de altura, y al final se retiran.

En la vida siempre habrá cuervos. Puede que trabajes con cuervos, tengas vecinos que son cuervos, o incluso puede que ahora mismo estés sentado al lado de un cuervo (ríete, esa persona no sabrá por qué lo haces). Siempre habrá personas que pueden ponerte nervioso; sienten que su misión en la vida es molestarte, irritarte e intentar desesperarte. Eso seguirá ocurriendo mientras tú sigas estando a su nivel; te molestarás, caerás en la trampa de entrar en conflicto con ellos, y vivirás ofendido. Irás por la vida con un nudo en el estómago por el estrés que puede dar lugar a problemas digestivos y úlceras. Es hora de que te des cuenta de que eres un águila. La forma de librarse de los cuervos no es enfrentarse a ellos, sino volar más alto. No prestes atención a lo que dicen, deja de leer los comentarios negativos en las redes sociales, y no permitas que la ofensa se asiente en tu espíritu. Si lo haces, serás arrastrado hacia el conflicto.

Tú eres un águila; no deberías estar peleando con cuervos. No deberías molestarte porque algunas gallinas estén picoteando alrededor, intentando hacer que te preocupes por cosas que no tienen importancia. Deja de frustrarte por los pavos: las personas que no te entienden y que hacen mucho ruido para intentar robarte tu paz. Son distracciones que intentan desviarte del camino y hacerte gastar tiempo y energías que necesitas para perseguir tus metas.

No puedes lograr que los cuervos dejen de graznar, no puedes evitar que las gallinas dejen de picotear, y tampoco puedes hacer que el vecino gruñón o aquel compañero de trabajo al que le gusta criticar dejen de ser maleducados, te ofendan o te falten al respeto. Pero sí puedes abrir las alas y volar más alto. No tienes por qué dedicar tiempo a las cosas pequeñas que no importan; fuiste creado para volar, para hacer cosas grandes, dejar tu huella y hacer historia. No gastes tu valioso tiempo lidiando con cuer-

> *Fuiste creado para volar, para hacer cosas grandes, dejar tu huella y hacer historia.*

vos. Siempre habrá personas que no te entienden, personas que no están a tu favor, o que intentan obstaculizar tu llamado. Sí, dirán cosas hirientes, intentarán hacerte quedar mal y se encargarán de que estés en desventaja. Nuestra naturaleza humana nos dice que demos la cara y luchemos, les demos su merecido y demostremos de lo que somos capaces, pero no caigas en esa trampa; es una distracción. Esas personas no controlan tu destino y tampoco te dieron la vida. No te escogieron antes de que fueras formado en el vientre de tu madre, y lo que dicen no puede detener tu propósito. Ni siquiera les prestes atención; ignóralas y avanza. ¿Sabes lo que ocurrirá? Los cuervos se retirarán porque no pueden subir tan alto ni ir a donde tú vas. Dios ha puesto grandeza en tu interior.

Sé como una sartén de teflón

Últimamente hay mucho parloteo negativo. Con todas las redes sociales y demás formas de comunicación, las personas pueden expresar su opinión con mucha facilidad y decir cosas despectivas para intentar desacreditar. El poder que eso tiene sobre ti es el poder que tú quieras darle; si dejas que te afecte y comienzas a pensar en ello, envenenarás tu espíritu y con el tiempo hasta la esencia de quién eres cambiará. Te pondrás a la defensiva, intentando demostrar a la gente que estás bien o que no eres lo que dijeron que eras. De esa forma les estás dando poder. Te habrás metido en una batalla en la que no deberías estar. Los cuervos seguirán graznando y haciendo ruido, y las gallinas seguirán picoteando con sus chismes, envidias y críticas. Las personas tendrán infinidad de opiniones sobre cómo deberías vivir tu vida, qué deberías ponerte y en qué deberías gastar tu dinero, lo que deberías decir y pensar, y hasta cómo deberías criar a tus hijos. Las personas exitosas están tan enfocadas en sus metas y en sus sueños que no prestan atención a los cuervos. No permitas que ese veneno entre en tu alma. Tienes un destino que cumplir, y Dios te ha dado el regalo de la vida. Él podría haber escogido a cualquier persona para estar aquí en este momento, pero nos escogió a ti y a mí; aprovechemos este día al máximo. ¿Cuánto tiempo estás perdiendo viviendo ofendido, molesto, y dejando que las personas difíciles te roben el gozo? Es el momento de enfocarse; saca todo lo negativo y corre tu carrera con propósito.

> *¿Cuánto tiempo estás perdiendo viviendo ofendido, molesto, y dejando que las personas difíciles te roben el gozo?*

En 2 Reyes 2, el profeta Eliseo estaba viajando a la ciudad de Betel. Mientras recorría el camino, más de cuarenta jóvenes salieron de la ciudad y empezaron a burlarse de él porque era calvo. Decían: «Vete, calvo. Fuera de aquí, pelón». Se burlaban de él, deshonrándolo una y otra vez. Eliseo acababa de hacer un milagro en la ciudad de Jericó, y podría haberse molestado y ofendido. Podría haber ido tras ellos y haberles dado su merecido, pero no mordió el anzuelo. De hecho, dijo: «Voy a estar tranquilo, entregarlos en manos de Dios y dejar que Él pelee mis batallas». Entendió que solo eran un puñado de cuervos haciendo mucho ruido e intentando distraerlo para que participara en peleas que no eran importantes. Siguió caminando y, al hacerlo, dos osos salieron repentinamente del bosque y atacaron a cuarenta y dos de los jóvenes. Cuando dejas que Dios te vindique, Él se encargará de aquellos que intentan detenerte. Él lidiará con las faltas de respeto, la envidia, y las personas que te están haciendo mal. Tú eres un águila, así que no bajes para pelear batallas que no impor-

> *Tú eres un águila, así que no bajes para pelear batallas que no importan.*

tan. Sigue volando, sigue haciendo lo correcto y Dios se encargará de los cuervos, las gallinas y los pavos. Todo ese parloteo negativo es solo ruido; no puede bloquear tu destino.

El Salmo 45 dice: «Dios nos ha ungido con aceite de alegría». Cuando caminas en tu unción, llevas sobre ti un aceite que hace que nada se te pueda pegar. Es como si fueras una sartén de teflón. La buena noticia es que, cuando la gente te falta al respeto o dice cosas hirientes, tú tienes una unción antiadherente. Puedes soltar la ofensa, y esta resbalará de ti sin afectarte. Podrías enojarte y sentirte ofendido cuando un compañero de trabajo te excluye y juega sucio, pero tienes el aceite de alegría; déjalo ir. Podrías ser maleducado con alguien que lo ha sido contigo o darle su merecido a alguien que te salta al cuello, pero eres como una sartén de teflón; todo resbala y tú sigues disfrutando de tu día. No fuiste creado para aferrarte a la ofensa, las faltas de respeto, o las palabras hirientes. La próxima vez que ocurra algo que podría hacerte enojar, en lugar de responder como lo has hecho en el pasado, prueba un método distinto. «Padre, gracias porque he sido ungido con aceite de alegría. No voy a perder la paz y voy a enfocarme en mis metas, sabiendo que tú peleas mis batallas».

No entregues tu poder

No puedes deshacerte de las personas difíciles, pero si respondes correctamente, no te impedirán tener un día bendecido, productivo y lleno de favor. ¿Estás permitiendo que te molesten cosas que no deberían molestarte? ¿Estás entregando tu poder, dejando que lo que las personas hagan determine si serás o no feliz? Tienes que recuperar el control de tu felicidad; deja de ponerla en manos de otra persona. Si solo puedes ser feliz cuando los demás te tratan bien, son amables y te dicen cosas hermosas, estarás entregándoles tu poder. Tú controlas tu felicidad; debes decidir que las demás personas no podrán robarte la felicidad, independientemente de lo que hagan, lo que digan, o cómo te traten. Puede que ellos no quieran ser felices, pero no deberían impedirte a ti serlo. Puede que sean maleducadas, estén enojadas y te falten al respeto, pero no puedes dejar que sus problemas por resolver te amarguen el día. Sé como esa sartén de teflón y deja que te resbale; disfruta tu día independientemente de lo que hagan los demás.

Debes decidir que las demás personas no podrán robarte la felicidad, independientemente de lo que hagan, lo que digan, o cómo te traten.

Hace años atrás, cuando trabajaba detrás de cámaras en la

producción de televisión en Lakewood, fui a una tienda de electrónica para comprar algunas piezas para nuestro equipo. Había hecho eso muchas veces y sabía que las piezas estaban en la parte de atrás donde solo tenían acceso los empleados. El hombre detrás del mostrador estaba al teléfono y no parecía tener mucha prisa por terminar de hablar; me veía ahí parado, pero siguió hablando durante unos quince minutos. Yo esperé pacientemente y, cuando por fin colgó, pensé que me preguntaría qué necesitaba, pero ni siquiera me miró. Finalmente le pedí si me podía ayudar, y pareció como si lo hubiera insultado. Me miró molesto y me habló ásperamente: «¿Qué necesitas?». Le pedí la pieza que necesitaba, y cuando la miró me dijo: «No vendemos eso. Nunca lo hemos vendido». Yo le dije que la había comprado allí muchas otras veces, y entonces fue cuando empezó a ponerse rojo, comenzó a salirle humo de las orejas, y parecía que iba a explotar. Dijo varias malas palabras antes de decir: «Ya te he dicho que no la tenemos. ¡No me lo pidas otra vez!». Yo quería decir: «Te lo pediré las veces que quiera, y te llamaré a media noche si quiero». Pero me di cuenta de que era bastante más corpulento que yo. Simplemente sonreí y dije: «No se preocupe, que tenga un buen día». No era lo que realmente sentía, pero por lo menos lo dije.

Tuve que tomar esa decisión: ¿Iba a dejar que su veneno entrara y contaminara mi día, amargara mi actitud, y me hiciera gastar mi energía emocional estando enojado y molesto? ¿O iba a ser como una sartén de teflón y tener esa unción antiadherente? ¿Iba a dejar

> *No puedes impedir que las personas vuelquen su basura sobre ti, pero sí puedes dejar tu tapa puesta. No tienes por qué dejar que su basura se cuele en tu vida.*

que todas las faltas de respeto, el enojo y el veneno me resbalaran? Decidí dejarlo ir. No puedes impedir que las personas vuelquen su basura sobre ti, pero sí puedes dejar tu tapa puesta. No tienes por qué dejar que su basura se cuele en tu vida.

Deja que te resbale

A veces, tenemos expectativas poco realistas. Pensamos que tendremos un buen día mientras no nos encontremos con personas maleducadas. Mientras nuestra familia diga cosas bonitas y nuestros compañeros de trabajo estén de buen humor, estaremos en paz. Pero esa no es la realidad. Las personas difíciles están a nuestro alrededor en todas partes. Siempre habrá alguien que pueda robar tu gozo, ofenderte, hacerte el vacío, o decir algo sobre ti que no sea cierto. La clave no es intentar evitarlo; es manejarlo de la forma correcta. No caigas en la trampa, no dejes que la ofensa se asiente en tu corazón, y no les des demasiadas vueltas a los comentarios negativos. Cúbrete constantemente de aceite para que nada se te pueda pegar. Puedes vivir feliz sin tener que evitar a las personas difíciles; lo único que tienes que hacer es no dejar entrar su basura a tu vida. No se trata de responderles cuando no te traten bien, sino de ser un águila y volar más alto que la ofensa, las heridas y la envidia. Cuando Dios puede confiar en que harás lo correcto incluso cuando sea difícil, no hay límites para lo alto que Él pueda llevarte.

Había un hombre caminando por la calle con su amigo para comprar un periódico. Cuando entraron a la tienda de la esquina, el dependiente del pequeño quiosco era muy frío, desconsiderado y nada amigable. El hombre compró el periódico y dijo educadamente: «Espero que tenga un buen día». Cuando se iban, el amigo le preguntó: «¿Siempre es así de maleducado?». Él le respondió: «Sí, todas las mañanas». El amigo replicó: «Bueno, ¿y tú siempre eres así de amable con él?». El hombre le dijo: «Sí, todas las mañanas». El amigo, confundido, le preguntó: «¿Por qué?». El hombre respondió: «He decidido que no voy a permitir que una persona me arruine el día». Igual que ese hombre, tienes que tener muy claro que no vas a dejar que un solo comentario negativo arruine tu día. No dejes que un compañero de trabajo irrespetuoso, un compañero de clase que se burla de ti, o un conductor que se te cuela en el tráfico te amarguen el día. Decide desde antes: *Voy a cubrirme con el aceite de la alegría. Todo lo que venga contra mí (comentarios negativos, faltas de respeto, personas maleducadas, etc.) me resbalará.*

¿Cuánto más disfrutarás tu vida si tienes esta unción antiadherente? No puedes controlar lo que hacen las personas. Si quieren ofenderte, ser maleducados y hacer que sea difícil convivir con ellos, es su decisión. Pero sí puedes controlar cómo reaccionas tú. Lo

> *¿Cuánto más disfrutarás tu vida si tienes esta unción antiadherente?*

mejor que puedes hacer es dejar que te resbale. Ni siquiera le prestes atención. No pienses en ello, no le des vueltas en tu cabeza, y no llames a tus amigos para contarles lo que te dijeron o te hicieron. Mantén puro tu corazón. Guarda tu energía emocional para vivir el día al máximo, para perseguir tus sueños, para amar a tu familia, y para ser amable con tus vecinos. Cuando alguien es maleducado y te ofende, no te lo tomes personal. No se trata de ti; tiene que ver con las luchas internas de esa persona. Como no se gustan a sí mismos, tú tampoco les gustas. Están enojados por cosas que no tienen nada que ver contigo, y da la casualidad de que tú llegaste a su vida en el momento en que estaban desahogándose. Cúbrete de aceite y sigue avanzando, porque nada de eso detendrá tu destino a menos que te distraigas y empieces a pelear batallas que no importan, intentando vengarte de las personas en lugar de dejar que Dios te vindique.

Pasa la prueba de Nabal

Esto es lo que hizo David. En 1 Samuel 25, David y sus seiscientos hombres habían estado viviendo en el desierto para mantenerse alejados del rey Saúl y sus soldados. Un hombre llamado Nabal vivía en la ciudad de Carmel, que no estaba muy lejos de donde estaba David. Este hombre era muy rico y tenía miles de ovejas y cabras, pero también dice: «Nabal era grosero y maleducado». Por el simple hecho de estar cerca de la propiedad de Nabal, David y sus hombres habían sido como un escudo protector alrededor de ellos, guardándolos de posibles invasores. Eran muy poderosos y podían haberse deshecho de los pastores de Nabal y haberse llevado los rebaños, pero fueron bondadosos con Nabal. Cuando llegó el momento de esquilar las ovejas y recoger la lana, David envió mensajeros a Nabal para pedirle comida, ya que habían estado protegiendo su familia y sus rebaños. Lo lógico sería pensar que Nabal estaría agradecido de que estos hombres lo hubieran cuidado, pero fue muy maleducado. Dijo: «¿Quién es este tal David? Yo nunca le pedí que hiciera nada por mí y, por lo tanto, no le debo nada. Dile que se olvide, que no le voy a dar nada». Cuando David escuchó lo que había pasado, no pudo contenerse. No pensó en el aceite de la alegría ni en la unción que había sobre su vida. Tampoco cantó el salmo que escribió: «Este es el día que hizo el Señor, alegrémonos en él». Estaba furioso. Les dijo a sus hombres: «Recojan sus cosas y preparen sus espadas. Vamos a ir a ocuparnos de Nabal. Tan cierto como que yo vivo, les digo que mañana a esta hora no quedará vivo ni un solo hombre de la casa de Nabal».

David estaba ofendido y enojado. No iba a permitir que Nabal se saliera con la suya después de haberlo insultado. Sí, hay momentos en los que tenemos que tomar acción y pelear. David peleó contra Goliat y contra otros ejércitos enemigos; pero antes de pelear una batalla, tienes que asegurarte de que es imprescindible librarla para llegar a tu destino. Si no lo es, es una distracción. David estaba tan sobrecogido por sus emociones, que no se dio cuenta de que esa no era una batalla que tenía que pelear. ¿Cuántas veces peleamos batallas porque estamos enojados y ofendidos por lo que alguien nos hizo, pero sin que esa batalla sea necesaria para alcanzar nuestro destino? Así como le ocurrió a David, a veces nuestra carne se pone como loca y quiere tomar medidas, pero tenemos que dejar que esas cosas nos resbalen y confiar en que Dios nos vindique, no seguir dándole vueltas en nuestra cabeza.

> *¿Cuántas veces peleamos batallas porque estamos enojados y ofendidos por lo que alguien nos hizo, pero sin que esa batalla sea necesaria para alcanzar nuestro destino?*

Sin embargo, Dios es misericordioso. David, junto a cuatrocientos de sus hombres, iban directos hacia la casa de Nabal, a punto de cometer un error que entorpecería el destino de David. Pero la esposa de Nabal, Abigail, que era una mujer sabia, preparó doscientos panes, dos contenedores de vino, doscientos pasteles de higos, ovejas, y grano tostado y salió para encontrarse con David. Cuando lo vio, se postró y dijo: «David, mi esposo es muy necio. Tiene el corazón endurecido, pierde los estribos con facilidad y no es honesto. No debió haberte insultado; he traído estos regalos con la esperanza de que lo perdones». Continuó diciendo: «David, tú eres llamado a ser rey de Israel. ¿Por qué ibas a pelear con este necio? ¿Por qué ibas a malgastar tu tiempo con este hombre tozudo? No permitas que esta batalla innecesaria manche tu reputación». Fíjate en la sabiduría con la que le habló a David. Estaba diciendo: «David, mira quién eres; eres el próximo rey. Dios va a confiarte una dinastía duradera, pero estás a punto de cometer un error al vengarte de este necio». David volvió en sus cabales y dijo: «Abigail, el Señor Dios de Israel te ha enviado a mí hoy. Si no hubieras impedido que me vengara, ni un solo hombre de tu casa seguiría con vida».

Todos nos enfrentaremos, tarde o temprano, a un Nabal en nuestra vida: personas maleducadas, difíciles y ofensivas. Te preguntó lo mismo que Abigail le preguntó a David: «¿Por qué peleas con un necio?». ¿Por qué te enfrentas a alguien que no va a ningún lugar? ¿Por qué te enojas con la persona que te sobrepasó en la carretera? Ni siquiera la conoces. ¿Por qué te ofendes con tu compañero de trabajo? No está entre tu destino y tú, y no puede impedir lo que Dios tiene planeado para ti. Si no le caes bien, si hizo comentarios negativos sobre ti o te ha excluido, eso es una prueba. No puedes alcanzar tu destino sin lidiar con personas difíciles. No te distraigas ni caigas en la trampa del conflicto o de pelear batallas que no valen la pena. Sé como esa sartén de teflón y no dejes que nada de eso se te pegue. Dios tiene un futuro asombroso para ti, pero el enemigo trabajará a tiempo y a destiempo para intentar distraerte, ofenderte y hacer que te vengues de las personas como lo intentó con David. No caigas en la trampa.

Abigail regresó a su casa y encontró a su esposo de fiesta y muy

> «*¿Por qué peleas con un necio?*».

borracho. A la mañana siguiente, cuando le contó lo que había hecho para salvarlos, a Nabal le dio un infarto que lo dejó paralizado; murió diez días después. Cuando David se enteró, no perdió ni un minuto. Abigail era una mujer inteligente y muy hermosa, así que envió un mensajero para pedirle que se casara con él. Ella accedió. Cuando permites que Dios pelee tus batallas, saldrás de ellas mejor y más fuerte. No digo que vayas a salir con otro cónyuge como David, pero Él te recompensará. Sin embargo, si no hubiera sido por Abigail, que detuvo a David cuando éste iba a actuar basado en sus emociones, puede que no estuviéramos hablando de David ahora. Si permites que las personas te ofendan y te hagan enojar, enfocándote en vengarte de ellas, podrías perderte tu destino.

> *Cuando permites que Dios pelee tus batallas, saldrás de ellas mejor y más fuerte.*

Puede que hoy yo sea tu Abigail. Tal vez Dios me envió para recordarte que no permitas que las personas difíciles te hagan caer en la trampa del conflicto, roben tu gozo y hagan que vivas frustrado, gastando energía en cosas que no importan. No puedes alejarte de Nabal. Es posible que ores y uno desaparezca, pero mañana aparecerá Nabal Jr. Tienes que tomar la decisión de no dejar que las personas difíciles te controlen, te ofendan, te hagan enojar, o te pongan nervioso. No lo permitas. No pierdas la calma porque la vida es corta; no estaremos aquí para siempre. No malgastes ni un minuto más peleando con cuervos, discutiendo con gallinas o debatiendo con pavos. Sé un águila y comienza a volar por encima de todo eso. Si lo haces, creo y declaro que no solo vas a disfrutar más tu vida, sino que además avanzarás, serás vindicado y recibirás ascensos. Dios se encargará de tu Nabal.

CAPÍTULO 7

Vive en el presente

Conozco personas que perdieron lo que tenían persiguiendo lo que querían.

A menudo nuestra mente está en el pasado, enfocada en lo que no salió bien, en las personas que nos hicieron daño y los errores que hemos cometido; o en el futuro, pensando en nuestras metas, preocupados por nuestras finanzas o nuestra salud. El problema con estar enfocados en el pasado o en el futuro es que nos perdemos el presente. David dice: «Este es el día que hizo el Señor, alegrémonos en él». El día de hoy es un regalo de Dios. ¿Estás involucrado por completo, sacando el máximo provecho de cada momento, amando a tu familia y apreciando hasta las cosas más sencillas de la vida? ¿O estás atrapado en el ayer o en el mañana? La razón por la que las relaciones familiares de algunas personas no son saludables es que regresan a la casa del trabajo, pero realmente no están presentes; su mente está en otro lugar. Juegan con sus hijos, pero están pensando en el mañana, decidiendo cómo van a cumplir una meta. O van a la oficina y, aunque su cuerpo está allí, su mente está en el ayer, pensando en lo que pudieron haber hecho mejor.

Si quieres sentirte pleno, tienes que estar presente. Cuando alcances tus metas, es muy importante que estés presente para disfrutarlas, no que estés pensando en el futuro y si todo saldrá bien, o en el pasado viviendo con remordimiento y enfocado en tus decepciones. Empieza a disfrutar del presente. Sí, es bueno tener metas y visión, pero no puedes estar tan enfocado en el siguiente paso que te pierdas lo que tienes ahora. Conozco personas que perdieron lo que tenían persiguiendo lo que querían. Estaban tan enfocados en alcanzar sus metas y hacer cosas importantes, que se olvidaron de su familia. Regresaban a su casa, pero no estaban presentes; estaban distraídos pensando en el siguiente paso y planificando el futuro. Nunca llegaron a disfrutar del presente.

> *Si quieres sentirte pleno, tienes que estar presente. Cuando alcances tus metas, es muy importante que estés presente para disfrutarlas.*

Quédate en el ahora

Victoria y yo solíamos viajar a la India con mi padre. Después de haber estado casados un par de años, íbamos a pasar por París de camino de regreso de uno de nuestros viajes, porque mi papá iba a ministrar allí unos días. Estábamos muy emocionados por estar juntos en París por primera vez. Antes de irnos al viaje, hicimos una oferta por una casa que teníamos mucha ilusión por comprar. Habíamos vendido nuestro dúplex, y encontramos una casa que nos encantaba; tenía un hermoso jardín, árboles grandes, y la casa era muy amplia y luminosa. Era perfecta. Cuando llegamos a París, lo primero que hicimos fue llamar a nuestra agente de bienes raíces para ver si sabía algo de la oferta que habíamos hecho. Nos dijo que todavía no. A la mañana siguiente, llamamos de nuevo tan pronto nos despertamos: «¿Alguna noticia?». Aún nada. Durante el día, fuimos a ver la ciudad, pero todo el tiempo estuvimos hablando de la casa, creyendo que la conseguiríamos.

Al caminar por las calles de París, tomamos fotos de cosas que queríamos hacer en nuestra casa nueva. «Podríamos hacer una entrada como esta. Podríamos decorar así el jardín». Estábamos en París, pero era como si no estuviéramos. Nuestras mentes estaban enfocadas en el futuro, y mientras estábamos perdiéndonos el presente. Podríamos haber disfrutado al máximo los momentos y las vistas, aprovechando aquella hermosa ciudad; pero estábamos tan enfocados en lo que queríamos, que nos perdimos lo que teníamos. Si pudiera volver atrás en el tiempo, diría: «Joel, disfruta del momento y quédate en el presente. Las puertas se abrirán cuando sea el momento correcto y las oportunidades llegarán también, pero mientras esperas, disfruta del momento». Lo chistoso es que, cuando llegamos a casa, nos llamó la agente y nos dijo que habían vendido la casa a otras personas. Yo pensé: «*¿Me estás diciendo que malgasté mi tiempo en París enfocándome en la casa, soñando con ella, decorándola y planificando el jardín, y ni siquiera la conseguimos?*». No pierdas lo que tienes, persiguiendo lo que quieres.

No tienes que irte a París para perderte algo increíble. Puedes perderte la infancia de tu hijo por perseguir lo que quieres. Puedes perderte lo increíble que es tu cónyuge y todas las cosas buenas que tiene por estar demasiado sumido en tu negocio, tus pasatiempos, o pensando en soluciones para todos los problemas que tienes. Las personas que tienes en tu vida no siempre estarán; no las des por hecho. Siempre habrá trabajo que hacer, retos y problemas que resolver; esas cosas nunca desaparecen. Cuando estés con tu familia, dale tu tiempo y atención, porque la vida pasa muy rápido. Un día miras a tus hijos pequeños, y al siguiente ya son adolescentes que te llenan de dolores de cabeza... digo, de bendiciones. Cuando llegues a casa, tienes que estar presente.

> *Las personas que tienes en tu vida no siempre estarán; no las des por hecho.*

Yo suelo cargar mi celular al lado de mi cama cada noche. Una mañana me desperté y mi celular estaba muerto; se me había olvidado enchufarlo. Estaba presente pero no estaba conectado, y eso mismo a veces nos pasa a nosotros. Victoria y yo estábamos presentes en París, pero no estábamos conectados. De la misma forma, tú puedes estar presente en el trabajo, pero no conectado, porque tu mente está en otro lugar. En casa, ¿estás presente pero no conectado cuando cenas con tu familia? ¿Te implicas al máximo, disfrutando cada momento? ¿O estás atrapado en el mañana, esperando recibir el contrato, preocupado por tu negocio, o pensando si te saldrán

> *En casa, ¿estás presente pero no conectado cuando cenas con tu familia? ¿Te implicas al máximo, disfrutando cada momento?*

las cuentas? ¿Estás atrapado en el ayer, enojado por aquella decepción, amargado porque alguien te hizo daño, o pensando en lo que dijeron? Te estás perdiendo la belleza del momento presente. Cuando este día haya pasado ya no será posible recuperarlo, así que no des por hecho todas las cosas buenas que tienes en tu vida ahora mismo. Conecta, disfruta del momento que estás viviendo ahora mismo, y pasa tiempo con las personas que Dios te ha regalado. Tus sueños se cumplirán en el momento preciso, y los problemas se resolverán en los tiempos de Dios. Preocuparte por ellos no hace que se solucionen antes, igual que pensar en tus metas continuamente no hará que las alcances más rápidamente. Vive el momento.

Mantente presente y conectado

Es fácil poner el piloto automático con nuestro cónyuge. Nos conocemos desde hace años y ya no nos comunicamos de la misma manera; simplemente hacemos las cosas por inercia. «¿Qué tal el trabajo?». «Bien». «¿Qué has hecho hoy?». «Nada». Antes estábamos conectados, pero hemos pasado por dificultades, hemos discutido y estamos cansados de la presión del trabajo, criar a los hijos y pagar las facturas. Hemos llegado a un punto en el que estamos, pero realmente no estamos. ¿Por qué no vuelves a conectarte? Las personas a tu alrededor pueden traerte mucho gozo y plenitud; cuando estás presente y conectado, la vida puede ser muy agradable.

Tienes que seguir sembrando en tu relación. No es algo que se hace una sola vez; «Nos casamos, así que ahora somos pareja». Las Escrituras dicen: «Los dos serán uno». Cuando dijiste: «Sí, quiero», eso no ocurrió al instante; hace falta toda una vida para llegar a ser uno. Victoria y yo estábamos hablando con unos amigos un día, bromeando. Victoria se rio y dijo: «Joel, ni siquiera me conoces». Yo pensé: *¿Después de treinta y cinco años de matrimonio no te conozco?* No sabía si estar emocionado o tener miedo. Lo que ella quería decir es que en las relaciones, cambiamos. La persona con la que te casaste a los veinte años no es la misma persona cuando cumple treinta y, por lo tanto, no puedes tratarla igual. Tienes que adaptarte, ajustarte y reconocer lo que se necesita a esa edad y en esa etapa concreta. Con treinta años no somos la misma persona que con cincuenta; crecemos, maduramos y desarrollamos intereses nuevos. Tenemos necesidades diferentes en etapas diferentes, por lo que no puedes poner el amor en piloto automático y tratar a la otra persona siempre igual. Esa es la razón por la que algunas parejas se separan; no es porque sean mala gente, sino porque simplemente se distancian el uno del otro. No

> *En las relaciones, cambiamos. La persona con la que te casaste a los veinte años no es la misma persona cuando cumple treinta y, por lo tanto, no puedes tratarla igual.*

supieron cambiar y, aunque estaban presentes, no se mantuvieron conectados.

Aún no has descubierto todos los tesoros que esconde la persona que Dios te regaló para que amaras. Has visto una etapa, pero se desarrollarán hacia nuevas etapas. ¿Están tomándose el tiempo de reír juntos, tener citas y hacer cosas nuevas? Muchas

> *¿Están tomándose el tiempo de reír juntos, tener citas y hacer cosas nuevas?*

parejas viven en la misma casa, pero es como si no estuvieran en casa. Duermen en la misma cama, pero no están presentes de verdad. A veces, la razón por la que no estamos conectados es el pasado; el dolor, los fracasos, las palabras y las acciones del pasado. Si sigues en el pasado seguirás desconectado; tienes que dejarlo ir. Hoy es un nuevo día, y la misericordia de Dios es nueva cada mañana. Disfruta del presente; la vida es demasiado corta como para aferrarse al dolor, vivir enojados y enfocados en el mal que nos hicieron. Dale la oportunidad a esa persona de ser humana y muéstrale misericordia. No importa con quién estés en una

> Dale la oportunidad
> a esa persona de
> ser humana.

relación, ni lo buena que sea esa persona, pues siempre habrá momentos en los que te decepcionará y te desilusionará. Enfócate en sus cualidades positivas, en las razones por las que te enamoraste, y en el hecho de que no podrías vivir sin esa persona.

Cuando eran novios, no había nada que esa persona pudiera hacer que te molestara. Hablaban por teléfono por horas, y después quince minutos más decidiendo quién iba a colgar primero. Se reían y lo pasaban bien haciendo cosas juntos. Cuando Victoria y yo éramos novios, yo iba con ella a cualquier sitio. Podía ir de compras todo el día o ir al supermercado; me daba igual. Si ella hubiera dicho: «Vamos a ver la planta eléctrica», yo habría ido. No se trataba tanto de lo que hacíamos, sino de con quién lo hacía; me encantaba estar con ella. Y sigue siendo así. Estaba presente y conectado, y ella tenía toda mi atención.

Con el paso del tiempo, la vida pasa. Enfrentamos retos, presión en el trabajo, y familiares que son difíciles. Es fácil dejar que todo eso nos aplaste, y nos amargamos. Ya no disfrutamos de nuestro cónyuge, no queremos pasar tiempo juntos, y tenemos una lista de todas las cosas que ha hecho mal. Lo más fácil es desconectarse. «No está a la altura, no cumple mis expectativas, así que me voy. Iré a mirar televisión solo o a dar una vuelta con mis amigos». Dios no puso a esa persona en tu vida por accidente; Él te la ha entregado como un regalo. No esperes hasta que se haya ido para darte cuenta de lo que tenías; conéctate. Sé amable, generoso, y trata al otro como si fuera un regalo. Sé misericordioso cuando cometa errores y no le guardes rencor. Son un equipo; Dios los juntó. Busca formas de aportar cosas a su vida, anímalo y ayúdale a cumplir sus sueños.

Que siempre haya gozo en tu casa

Tienen que empezar a reír de nuevo y a pasarla bien juntos. No pierdan su niño interior; nunca deberían volverse tan viejos y estirados que no puedan reír juntos. La risa es como una medicina que nos hace sentir mejor y trae sanidad a todos nuestros sistemas. Con las presiones que enfrentamos en la vida y todo lo malo que vemos en las noticias, es fácil amargarse y deprimirse, así como sentir que todo es una

> *Nunca deberían volverse tan viejos y estirados que no puedan reír juntos.*

carga. Es fácil llevarse a casa el estrés de la oficina, pero saca esa tensión de tu hogar; tu casa debería ser un lugar lleno de paz y gozo. Algo que caracteriza a Victoria es que le encanta reír y divertirse; ella hace que el ambiente en casa sea siempre alegre. Cuando nos reímos, las presiones de la vida se desvanecen y nos sentimos renovados y llenos de energía. Todos tenemos retos y cosas por las que podríamos preocuparnos. Nuestra mente podría estar en el futuro intentando solucionar mil cosas, o en el pasado enfocada en los obstáculos que no superamos y las cosas que podríamos haber hecho mejor. Pero intentamos enfocarnos en el ahora, disfrutar cada día, y no solo estar presentes sino también conectados.

Una vez cuando yo era pequeño, mi papá y mi mamá tuvieron una discusión; no estaban de acuerdo en un asunto. Mi papá sentía que mi mamá no había sido justa con él. No era nada grave, simplemente cosas de la vida, así que decidió ignorar a mi mamá, tratándola como si no fuera digna de su tiempo y atención. Cuando él entró a la cocina, mi mamá le preguntó: «¿Quieres que te prepare algo de comer?». Él dijo que no muy bruscamente, se dio media vuelta y se fue. Cuando ella pasaba cerca de él, mi papá

> *No puedes quedarte en el ayer y a la vez disfrutar del hoy. Tienes que perdonar, ser misericordioso y seguir avanzando.*

miraba hacia otro lado y se iba a otra habitación. Eso sucedió durante toda la tarde; mi papá no le prestaba atención. Cuando tu mente está en el pasado, no puedes disfrutar del presente; y, cuando estás enfocado en el dolor, las injusticias y lo que dijeron de ti, te pierdes la belleza que ese día trae consigo. No digo que nadie te haya hecho daño o haya sido injusto contigo, pero no puedes quedarte en el ayer y a la vez disfrutar del hoy. Tienes que perdonar, ser misericordioso y seguir avanzando.

Mi mamá decidió seguirle el juego a mi papá. Entró a una habitación y se escondió detrás de la puerta. Mi papá iba por la casa buscándola para poder ignorarla, pero no la encontraba. Dijo: «Es difícil ignorar a alguien a quien no puedes encontrar». Buscó en todas partes: en el baño, en el armario, y hasta en el trastero. Salió al garaje y después al jardín, y entonces es cuando empezó a preocuparse, pensando: *¿Y si ha llegado el rapto y yo me quedé?* Finalmente, pasó al lado de la puerta detrás de la cual se escondía mi mamá. Ella calculó meticulosamente el momento preciso, saltó sobre su espalda, abrazó su cintura con sus piernas y dijo: «No me bajaré hasta que vuelvas a hablarme». Mi papá empezó a reírse tan fuerte, que ambos cayeron al piso, y así es como terminó su juego de ignorarla. Asegúrate de que haya gozo en tu hogar y que haya risas en tus relaciones con los demás. Sé que hay problemas importantes que resolver, pero vivir en conflicto constante, guardar rencor y no perdonar te impedirán ver las cosas nuevas que Dios tiene preparadas.

Se trata del camino

Esta es la historia de José que nos cuentan las Escrituras: cuando tenía diecisiete años, Dios le dio un sueño de que iba a dirigir una nación. Sus hermanos, sin embargo, le tenían envidia y lo lanzaron a un pozo dejándolo por muerto, pero al final lo vendieron como esclavo. José trabajó en Egipto como esclavo para un oficial militar de alto rango. Mintieron sobre él, lo acusaron falsamente de un crimen, y lo metieron en la cárcel. José tuvo oportunidades de sobra para vivir en el pasado: «¿Cómo es posible que mis hermanos me trataran así? Me vengaré, ya verás». También podría haber vivido en el futuro: «Dios, tú dijiste que yo lideraría una nación. ¿Qué ha pasado?». Pero la Biblia nunca dice que José se quejó. Cuando era esclavo destacó tanto, que su dueño lo puso a cargo de toda su casa. En la cárcel no solo no se amargó, sino que el carcelero lo puso a cargo de todo lo que ocurría allí. También ayudó a otro prisionero interpretando su sueño. ¿Cómo José pudo mantener una actitud tan positiva después de todo lo que había experimentado? Viviendo el momento presente. No se enfocó en mirar atrás y decir: «Eso fue injusto», y tampoco se enfocó en mirar hacia adelante y decir: «Dios, estoy en la cárcel. ¿Cuándo lideraré una nación?». Decidió vivir en el presente. Su actitud fue: *Aquí es donde Dios me tiene ahora mismo. Sé que Él está dirigiendo mis pasos, así que no voy a vivir enojado por los obstáculos. No voy a vivir preocupado por mi futuro; voy a disfrutar al máximo este día.*

> *¿Cómo José pudo mantener una actitud tan positiva después de todo lo que había experimentado?*

Es muy fácil enfocarse en todo momento en el destino, que el sueño se cumpla, o que el problema se solucione. Tienes que hacer como José y aprender a disfrutar el lugar donde estás mientras vas de camino al lugar al que debes llegar. La vida no se trata del destino, sino del camino; es ahí donde habrá crecimiento y donde encontrarás plenitud y favor de Dios. Tenemos que recordar que después de alcanzar una meta tendremos otra meta. Siempre habrá otro reto; si no tenemos cuidado, viviremos el día deprisa intentando llegar al destino. Baja el ritmo y disfruta del viaje. Sí, habrá baches por el camino, decepciones y cosas que no entiendas, pero es en esos momentos cuando tienes que decir: «No voy a mirar atrás. No voy a amargarme ni a permitir que eso me amargue la vida. No voy a vivir preocupado, preguntándome cómo se solucionará esa situación; voy a vivir en el presente y disfrutar del lugar en el que Dios me tiene ahora mismo sabiendo que Él me llevará a donde tengo que estar». Hace falta madurez para disfrutar del lugar en el que estás, aunque haya retos y cosas que no entiendes.

José fue nombrado primer ministro de Egipto trece años después de haber sido arrojado a aquel pozo. Experimentó vindicación, ascenso e influencia mucho más allá de lo que había podido imaginar. Qué lástima si José hubiera pasado esos años desanimado, preocupado y frustrado. Dios cumplirá lo que te prometió y, de hecho, el sueño que Él puso en tu corazón ya está en su agenda. La pregunta es: ¿cómo vas a pasar el tiempo mientras esperas? ¿Mirarás atrás con remordimiento y enojo? ¿Mirarás hacia adelante preguntándote por qué no ocurre ya? No, disfruta del presente. Vive un día a la vez porque la gracia que has recibido no es para mañana. Si intentas buscar sentido a los últimos veinte años o a los próximos

> *La gracia que has recibido es para hoy. Cuando llegues al día de mañana, recibirás gracia para enfrentarlo.*

vente años, te frustrarás. La gracia que has recibido es para hoy. Cuando llegues al día de mañana, recibirás gracia para enfrentarlo. «Joel, estoy preocupado porque no sé cómo podría resolverse mi situación». Es que no tienes por qué saberlo. Eso significa la fe. Tienes que confiar en que Dios está en control, que Él ha planeado cada uno de tus días, y que Él sabe qué es lo mejor para ti. En lugar de pelear por salir del lugar en el que estás, aprende a contentarte en él; eso es lo que hizo José. No fue cómodo y tampoco le gustaba, pero supo contentarse sabiendo que Dios dirigía sus pasos. No quiero que pasen diez años y luego pienses: *Si hubiera sabido que todo saldría tan bien, habría disfrutado mi vida. Habría pasado más tiempo con mi familia, y habría disfrutado criar a mis hijos.*

Aprovecha al máximo cada día

Hablé con una mujer que había tenido mucho éxito como ejecutiva en una empresa muy grande. Sin embargo, después de haber estado allí por diecinueve años, la empresa hizo una reestructuración y la despidieron inesperadamente. No hizo nada mal, simplemente era que su puesto ya no era necesario. Ella estaba decepcionada, pero sabía que se abriría alguna otra puerta. Tiene dos maestrías, mucha experiencia y mucho don de gentes; destaca en su ámbito. Solicitó un puesto en una empresa tras otra, incluso en otros estados, pero sin respuesta; a nadie le interesaba, y ella no podía entenderlo. Algunos meses después de haber perdido el empleo, su mamá se puso enferma y necesitaba a alguien que la cuidara. Ella decidió hacerlo mientras buscaba trabajo, así que todos los días iba a casa de su mamá, pasaban tiempo juntas y hacían recados. Su mamá iba también a su casa y la ayudó a arreglarla; se lo pasó muy bien con su mamá y crearon muchos recuerdos juntas. Diez meses después, su mamá falleció.

Tres días después de haber enterrado a su mamá, comenzó a recibir una llamada tras otra de las empresas a las que había aplicado muchos meses antes. Recibió no una buena oferta sino cuatro, y terminó aceptando un puesto con mayor responsabilidad, mayores ingresos, y mejor entorno que en su antiguo puesto. Ella dijo: «Es un puesto que disfruto mucho más que mi antiguo trabajo». Fíjate cómo Dios hace las cosas: el hecho de que la empresa la despidiera repentinamente parecía ser un inconveniente injusto. Después, aún con todos sus estudios y experiencia, no parecía tener sentido que no se abriera ninguna puerta y no le ofrecieran ningún puesto. Ella podría haberse amargado y vivido enojada. «¿Por qué me ocurre esto?». Pero decidió no vivir en el pasado y no dejar que las decepciones le robaran el gozo. Decidió no vivir en el futuro, pensando: «¿Por qué no me sale nada? ¿Qué ocurrirá si no logro encontrar trabajo?». En cambio, usó ese tiempo para disfrutar del lugar en el que Dios la había puesto, aprovechando cada día al máximo y creyendo que Dios dirigía sus pasos. Si no hubiera hecho eso, se habría perdido ese tiempo con su mamá. Si hubiera vivido estresada, no tendría esos recuerdos que atesorará para siempre.

> *No pelees con el lugar en el que Dios te tiene; disfrútalo.*

No pelees con el lugar en el que Dios te tiene; disfrútalo. Aprovecha cada día al máximo. Sí, puede que necesites un empleo, pero no te enfoques tanto en el futuro que te pierdas la belleza del día de hoy. Sí, puede que estés decepcionado porque una empresa te despidió, pero no permitas que el pasado te impida ver las cosas buenas que tienes en tu vida en el presente. Dios está dirigiendo tus pasos. Aunque algunas veces no lo entendamos y no sea cómodo, todas las decepciones, las demoras y las traiciones son parte del plan de Dios para llevarte al trono, igual que ocurrió con José.

Dios te llevará hasta tu destino y hará que todo ayude para tu bien. Cuando en la espera parezca que no ocurre nada y que las cosas no van a cambiar, confía en Él lo suficiente como para poder disfrutar tu vida. Busca lo bueno de cada día y sé agradecido por lo que tienes. Hay una canción que dice: «Es un día precioso, que no se te escape». Una vez que este día haya pasado, no podremos recuperarlo. ¿Estás viviendo en el mañana, enfocado solamente en tus sueños? ¿Estás viviendo en el ayer, enfocado en las cosas que no salieron bien cuando Dios te tiene donde estás por una razón? Las bendiciones a veces van disfrazadas; hay alguien con quien puedes conectar o una prueba que puedes superar. Si José hubiera estado amargado, no habría ayudado al hombre que había sido el jefe de los coperos del faraón, y ese fue el hombre que ayudó a que se le abriera una puerta más adelante.

> *Cuando en la espera parezca que no ocurre nada y que las cosas no van a cambiar, confía en Él lo suficiente como para poder disfrutar tu vida.*

Disfruta

Las Escrituras dicen: «Aprovecha este día al máximo»; no dice que aproveches al máximo el ayer o el mañana. ¿Qué estás haciendo con el día de hoy? ¿Estás sacando provecho de la etapa en la que te encuentras, o estás peleando contra ella? ¿Estás presente y

> *Cuando la vida pasó lista hoy, ¿apareciste emocionado, disfrutando de tu familia y esperando otro gran día?*

conectado, o presente pero desvinculado? Cuando la vida pasó lista hoy, ¿apareciste emocionado, disfrutando de tu familia y esperando otro gran día? «Joel, lo haría, pero es que he tenido decepciones últimamente, hay personas que me han ofendido, y mi sueño no se ha cumplido». ¿Cómo sabes que esas cosas no están guiándote hacia tu destino? Dios dirige tus pasos. Puede que lo que te ocurre no parezca bueno, pero Él no lo habría permitido si fuera a detener tu propósito. No esperes veinte años para ver cómo encaja todo y entonces decir: «¡Vaya! Pasé la mayor parte de mi vida preocupado, sin disfrutar de mi familia, y enojado con las personas que me trataron mal». Déjalo ir. Todo es parte del proceso; son pruebas que tienes que superar.

Podemos llegar a nuestro destino habiendo disfrutado del camino y siendo capaces de ver el favor de Dios a pesar de la oposición, o podemos llegar preocupados, amargados y enojados. Lo

> *Es bueno que durante todo el día te detengas para respirar profundamente y asimilar la bondad de Dios.*

que te pido es que vivas en el presente, un día a la vez. Sí, es bueno tener metas y tener siempre presente tu visión, pero no dejes que lo que aún no ha ocurrido te frustre. Decide disfrutar cada día, disfrutar de tu familia, disfrutar de las personas con las que trabajas, y disfrutar de la belleza de la creación. Tómate el tiempo de oler las flores.

Es bueno que durante todo el día te detengas para respirar profundamente y asimilar la bondad de Dios. Disfruta del momento que estás viviendo y no intentes pasar rápidamente de una parte del día a la siguiente. Tómate el tiempo de disfrutar del presente.

Algo que hizo la pandemia fue ayudarnos a tener una perspectiva nueva. A veces nos quejábamos de lo «normal». «No quiero ir a trabajar, preparar a estos niños para la escuela, conducir con tanto tráfico, o cocinar y luego tener que recoger». Pero después de que pandemia hizo que se cerrara todo durante un mes y no podíamos ir a trabajar, llevar a nuestros hijos a la escuela o salir de la casa, lo normal parecía bastante atractivo. A veces, cuando nos quitan algo y después lo recuperamos, lo apreciamos más. Tal vez ese empleo que no nos gustaba no estaba tan mal, y tal vez el tráfico no tiene por qué frustrarnos tanto. Aunque parezca mentira, tal vez hasta estemos deseando ver al pesado... digo, a esa persona en el trabajo que solía ponernos de los nervios. Tenemos un nuevo punto de vista. Estamos vivos, tenemos aire que respirar y fuerzas para levantarnos de la cama. Tenemos una familia a la que amar, un lugar donde vivir, paz en nuestra mente, y el favor de Dios.

Cuando entiendes que este día es un regalo, lo vivirás al máximo. Tu gozo y tu felicidad no dependerán de tu pasado ni estarán basados en tu futuro, sino que dirás junto con David: «Este es el día que hizo el Señor, y no voy a sobrevivir a duras penas. Voy a gozarme y alegrarme en él. No solo voy a estar presente; también voy a estar conectado y voy a aprovecharlo al máximo». Si haces eso, creo y declaro que tendrás mejores relaciones interpersonales, más gozo y más satisfacción. Igual que a José, las situaciones negativas cambiarán, el ascenso está en camino y también la sanidad, las bendiciones y la plenitud de tu destino.

CAPÍTULO 8

Suéltalo

Las emociones negativas nunca mueren cuando las entierras.

Todos sufrimos decepciones, cosas que no son justas. Es fácil aferrarse a las heridas y pensar en las cosas negativas que las personas nos dijeron a fin de revivir la ofensa. Nos levantamos en la mañana y es lo primero que viene a nuestra mente. No nos damos cuenta de cuánto nos está afectando, pero está amargando nuestra actitud, drenando nuestra energía, y limitando nuestra creatividad. Si quieres cumplir tu destino, tienes que ser bueno soltando las cosas. Jesús dijo: «Llegarán ofensas». No dijo que tan solo fuera una posibilidad. No dijo que, si eres una buena persona y si eres amable todo el tiempo, nadie te ofenderá. Dice que sufriremos decepciones, traiciones y cosas que no son justas. Tu modo de lidiar con esas ofensas, cómo manejes tus heridas, determinará si avanzas y ves las cosas nuevas que Dios tiene preparadas para ti o si te quedas atascado o amargado por lo que no salió bien.

He oído decir que, si no sanas tus heridas emocionales, sangrarás sobre otras personas que no tienen nada que ver con ello.

¿Cuántas personas viven heridas por cómo fueron criadas, por un amigo que se alejó, o un socio en los negocios que les engañó? En lugar de soltarlo, lo vuelven a revivir una y otra vez en su mente, repasando toda la herida. Después se preguntan por qué no tienen buenas relaciones. Es porque no han sanado y están viviendo en un lugar herido. Dios trae una nueva persona a su vida, alguien fantástico, pero ellos son muy inseguros. No se sienten valiosos o atractivos, y esa nueva persona tiene que mantenerlos con buen ánimo, tiene que hacer un gran esfuerzo para asegurarse de que sepan cuán geniales son. El problema es que eso no es sostenible. Hasta que estés bien, no puedes desarrollar relaciones saludables. Hasta que no sanes de la herida, es muy fácil que sigas viviendo enojado y molesto, lleno de rencor. Hasta que sueltes lo que no funcionó, esa herida te estorbará dondequiera que vayas.

> *Hasta que estés bien, no puedes desarrollar relaciones saludables. Hasta que no sanes de la herida, es muy fácil que sigas viviendo enojado y molesto, lleno de rencor. Hasta que sueltes lo que no funcionó, esa herida te estorbará dondequiera que vayas.*

Si aún estás herido por un puesto que perdiste injustamente en una empresa, irás a una nueva empresa estando a la defensiva, tenso y poco amigable. Tratarás a tu nuevo jefe y a tus nuevos compañeros de trabajo según lo que viviste, pero ellos no tuvieron nada que ver con lo que experimentaste. Es mucho más liberador cuando aprendes a soltar las cosas. No fue justo, de acuerdo, pero Dios será quien te vindique. Él se ocupará de quien te ofendió. Tu tarea no consiste en vengarte de las personas. Te hicieron daño una vez, pero no dejes que sigan hiriéndote al aferrarte a la herida.

Perdiste a un ser querido, algo que sé que es muy doloroso, y es saludable pasar por un tiempo de duelo; sin embargo, no puedes aferrarte a la herida. Vivir en duelo impedirá que se abran nuevas puertas. Tienes que sanar para que puedas ver nuevas relaciones y nuevas oportunidades.

Perdón perpetuo

En las Escrituras, Pedro le preguntó a Jesús cuántas veces tenía que perdonar a alguien que le ofendiera. Es chistoso, porque Pedro era conocido por ser alguien que ofendía. Fue él quien maldijo ante la joven en el patio después de que Jesús fue arrestado y estaba ante el Sanedrín. Fue él quien le cortó la oreja al siervo del sumo sacerdote en un intento de defender a Jesús. Sin embargo, fue Pedro el que preguntó: «Jesús, ¿tengo que perdonarlos siete veces?». La ley judía decía que había que perdonar tres veces, así que dio una cantidad superior al doble de lo regulado, pensando: *Jesús, estoy mejorando. He avanzado mucho.* Jesús le dijo: «Pedro, siete está bien, pero quiero que perdones setenta veces siete». No se trataba del número. Jesús estaba enseñándonos un principio. Estaba diciendo: «Quiero que vivan en un proceso continuo de perdón». No es algo para hacer solo de vez en cuando. El perdón debería ser parte de nuestra vida diaria. Estaba estableciendo un sistema para que no nos agarremos a heridas, ofensas y decepciones. Él sabía que prácticamente todos los días tendríamos esas oportunidades. Cuanto más rápido las sueltes, más fácil será.

> *El perdón debería ser parte de nuestra vida diaria.*

En el Padrenuestro, Jesús nos dijo que oráramos diciendo: «El pan nuestro de cada día, dánoslo hoy, y perdónanos nuestras ofensas, así como nosotros perdonamos a los que nos ofenden». Estaba diciendo que cada día tenemos que estar preparados para perdonar. No tienen por qué ser cosas grandes. Puede ser esa persona que se interpuso en la carretera. Suéltalo. No dejes que eso te amargue el día. Tu tiempo es valioso. Esa es una distracción que intenta sacarte del camino, intenta que te ofendas por algo que no es importante. Cuando ese dependiente es desagradable contigo en la tienda, tú sonríe y continúa con tu día. He aprendido que la vida está llena de personas heridas, personas que no han lidiado con las cosas negativas de su pasado. A veces serán irrespetuosos contigo, dirán cosas que no deberían, y harán cosas que hacen daño. No puedes impedir que llegue la ofensa, pero puedes impedir que se cuele en tu interior. ¿Cuánto tiempo pasas ofendido, amargado, guardando rencor? ¿Cuánto más podrías lograr si empezaras a soltar las cosas? ¿Qué tan buenas serían tus relaciones si estuvieras emocionalmente saludable, si soltaras lo que te dijeron las personas, perdonaras a la persona que te ofendió, y dejaras de revivir las heridas?

> *¿Qué tan buenas serían tus relaciones si estuvieras emocionalmente saludable, si soltaras lo que te dijeron las personas, perdonaras a la persona que te ofendió, y dejaras de revivir las heridas?*

En las Escrituras, es aquí donde David sobresalía. Era un experto en soltar ofensas. Cuando David era un adolescente, Isaí (su padre) no creía en él, lo menospreciaba y no lo afirmaba. Cuando el profeta Samuel llegó a su casa para escoger a uno de los ocho hijos de Isaí para ser el siguiente rey de Israel, Isaí ni siquiera llamó a David que estaba en el campo cuidando los rebaños. Pensaba que David era demasiado pequeño, demasiado joven, y sin mucho talento comparado con sus hermanos mayores. No le dio la oportunidad a David. Fue solo cuando Samuel no escogió a uno de sus hermanos cuando David fue llamado. David podía haberse amargado, haberse vuelto rencoroso. Sintió el aguijón del rechazo de su propia familia. Sus hermanos se burlaban de él. Cuando David fue a llevarles la comida a sus hermanos en el campo de batalla, su hermano mayor, Eliab, intentó menospreciarlo delante de los demás soldados. Dijo: «David, ¿qué haces aquí, y qué has hecho con las ovejas que deberías estar cuidando?». Fue altivo y sarcástico. David pudo haberse ofendido y enojado, pero la Escritura dice: «David se dio media vuelta y se fue». Conocía la importancia de soltar las cosas. Si David no hubiera hecho eso, nunca habría visto a Goliat. Si se hubiera quedado allí intentando enfrentarse a su hermano, ahora no estaríamos hablando de él.

La verdad es que el padre de David no fue justo. No estuvo bien dejar a David en el campo y no llamarlo. Sus hermanos lo menospreciaron y denigraron, pero no podemos hacer que los demás hagan lo correcto. Es una prueba. ¿Te estás aferrando a la ofensa, dejando que la traición, lo que dijeron, o cómo te trataron te amargue? ¿Te despiertas pensando en ello? ¿O lo vas a soltar y seguir adelante hacia tu destino? Hay un Goliat esperándote que te llevará a un nuevo nivel, pero tienes que superar la ofensa, superar el rechazo, superar lo que alguien dijo. Es mi oración que hagamos lo que hizo David y vivamos con este perdón perpetuo, para que desarrollemos el hábito de perdonar diariamente. Entonces,

> *¿Te estás aferrando a la ofensa, dejando que la traición, lo que dijeron, o cómo te trataron te amargue?*

cuando llegue la ofensa, rebotará sobre nosotros sin importarnos lo más mínimo. Que un familiar no crea en ti no es algo agradable, pero eso no puede impedir que hagas grandes cosas. Si un compañero de trabajo intenta dejarte mal y avergonzarte, la mayoría de las personas se enojarían, comenzarían una pelea y se vengarían, pero tú eres un David. Tú reconoces que es una distracción. Tú lo sueltas, sabiendo que Dios se ocupará de tus enemigos. Un modo en que Dios te vindica es ascendiéndote en presencia de tus enemigos. No lo hace en privado sino en público, para que quienes no contaron contigo, te menospreciaron, o intentaron hacerte sentir pequeño vean tu ascenso, tu honra, tu lugar en un puesto de mayor influencia.

Cuando David derrotó a Goliat, todo el ejército israelita se quedó asombrado. La ciudad aclamaba. Incluso los filisteos, que eran la oposición, no podían creer lo que David había hecho. Dios sabe cómo levantarte cuando otras personas intentan aplastarte. No dejes que esa ofensa entre. Empieza a soltar las cosas enseguida. No pienses en ello en una semana, y entonces lo habrás conseguido. Si evitas que las ofensas entren desde el principio, te ahorrarás muchas heridas emocionales. David podía haber despertado cada mañana pensando en cómo su padre lo trató mal y no contó con él.

> *Si evitas que las ofensas entren desde el principio, te ahorrarás muchas heridas emocionales.*

Pudo haber pensado en que sus hermanos lo estaban haciendo de menos; sin embargo, esa amargura, ira y autocompasión le habrían arrebatado su destino. Cuando la ofensa aparezca, no vayas allí. Mantén tu mente en lo positivo. Piensa en cosas que son buenas, íntegras e inspiradoras. Pensar en algo negativo que dijeron de ti, revivir cómo se alejó la persona, repasar todo el dolor y volver a vivir toda la tristeza te impedirá sanar. Suéltalo. Eso es pasado. Dios vio lo que ocurrió. Él oyó lo que dijeron. Él sabe lo que perdiste. Si lo sueltas, Él te compensará y te dará belleza en lugar de todas esas cenizas.

Perdona por tu propio bien

Un amigo mío se crio en un hogar monoparental. Cuando tenía cinco años, su papá salió de su vida y no quiso saber más de él. De niño anhelaba ver a su papá, pero su papá no devolvía las llamadas de su madre. En su adolescencia, enviaba cartas a su padre y también tarjetas en su cumpleaños y en el día del padre. Quería la aprobación de su padre, solamente saber que le importaba, pero nunca oyó ni una sola palabra. Sintió el rechazo. Los pensamientos le decían que no era lo suficientemente bueno, que le pasaba algo, pero decidió no seguir ese camino. No dejó que la amargura o la autocompasión entraran. Dijo lo que dice el salmista: «Aunque mi padre y mi padre me desamparen, con todo Dios me adoptará como su propio hijo». Al margen de la injusticia, cuando vives en un estado de perdón perpetuo como lo hizo él, es asombroso cómo puedes seguir siendo feliz, puedes seguir disfrutando de tu vida, y llegar a hacer grandes cosas.

Cuando tenía unos treinta años, su padre finalmente accedió a verlo. Estaba muy emocionado, pues era un sueño hecho realidad para él. Voló hasta otra ciudad, llamó a la puerta, pero una señora respondió y dijo: «Lo siento. Tu padre cambió de idea. No quiere verte». Yo pensé que mi amigo habría quedado devastado, pero dijo: «Joel, realmente no me molestó. Ya había decidido que, si no quería verme, yo iba a soltarlo y a continuar con mi vida». Esto no ha detenido a este joven. Está felizmente casado, tiene cuatro hijos preciosos, y es muy exitoso. Yo nunca hubiera imaginado que no tuvo una infancia maravillosa. Cuando aprendes a soltar las cosas, las decepciones, las personas injustas, cómo te educaron y las malas rachas no pueden detenerte. Seguirás subiendo cada vez más, viendo la bondad de Dios.

He conocido a otras personas que han atravesado cosas similares a las de mi amigo. Están amargados, enojados, guardan rencor, y están atascados en la vida. ¿Cuál es la diferencia? Se aferraron a todo. No puedes impedir que esas situaciones se produzcan, pero puedes impedir que entre el veneno. Cuando entierras las emociones negativas, nunca mueren. No puedes sepultar la ira, el dolor y la traición y pensar que todo eso no te va a afectar. «Joel, no puedo perdonarlos. Tú no sabes lo que me hicieron. No puedo soltarlo. Me lastimaron demasiado». Pero el asunto es que no los perdonas para hacerles un bien a ellos, sino a ti. Ese veneno está contaminando tu vida. Cuando lo sueltas, entras en nuevos niveles de libertad, gozo y victoria.

> *No puedes sepultar la ira, el dolor y la traición y pensar que todo eso no te va a afectar.*

Saca los contaminantes

Había un boxeador profesional que era el campeón del mundo de los pesos medios en la década de los noventa. Era famoso por su agresividad en el cuadrilátero. Luchaba con mucha ira y ferocidad, casi como si estuviera fuera de control. Tras una pelea, un reportero le preguntó por qué luchaba con tanta agresividad, cómo podía hacerlo. El reportero estaba esperando una respuesta hecha, del tipo «Soy muy competitivo, y me encanta boxear». Pero el boxeador dijo que la razón por la que luchaba con tal ira y hostilidad era porque su padre fue un abusador. Maltrataba a su madre y se peleaba con ella. Su hogar era muy violento. Su padre le dijo que nunca conseguiría nada en la vida. Cuando tenía diez años, su padre abandonó a la familia y nunca lo volvió a ver. Dijo: «Cuando entro en el cuadrilátero, me imagino la cara de mi padre en mi oponente. Siento tanto odio por él, que sencillamente exploto».

Pensé en la diferencia entre mi amigo y este boxeador. Ambos tuvieron traiciones, ambos sufrieron rechazo, pero uno está viviendo saludablemente, con buenos hijos y siendo bendecido. El otro está enojado, es violento y está amargado. La diferencia es que uno aprendió a soltar las cosas, y el otro decidió aferrarse a ellas. Sí, el boxeador tuvo éxito externamente, pero si uno está envenenado por dentro, arruinará cada victoria que obtenga.

> *Si uno está envenenado por dentro, arruinará cada victoria.*

¿Hay algo que tengas que soltar hoy? ¿Hay amargura e ira por cómo te trataron o por lo que no funcionó? No hagas lo que hizo el boxeador y dejes que eso envenene toda tu vida. No estuvo bien lo que ellos hicieron, pero tú perdonas para poder ser libre. Estás soltando para ver belleza en lugar de cenizas.

Hace años, había un desperdicio tóxico del que había que deshacerse, pero nadie sabía qué hacer con él. Nunca habían tenido que deshacerse de algo tan tóxico y peligroso. Tras estudiarlo y conseguir distintas opiniones, una empresa construyó unos grandes contenedores de metal como los que ves en un barco, y pusieron el desperdicio tóxico en su interior. Se aseguraron bien de que estuviera muy bien sellado, para evitar que se saliera el desperdicio tóxico. Después enterraron los contenedores a mucha profundidad.

Quedaron muy aliviados por finalmente haberse podido deshacer de ello. Pensaron que habían terminado, pero cuarenta años después, los contenedores empezaron a gotear. La toxina estaba contaminando la tierra, el agua, el aire, obligando a la gente a tener que irse. El problema era que el desperdicio era demasiado tóxico para enterrarlo.

Hay algunas cosas que no puedes enterrar, como la ira, y pensar que ya no te va a afectar. No puedes enterrar la amargura, el odio y el rechazo e impedir que goteen. Es demasiado tóxico. Ese veneno en algún momento contaminará no solo tus sueños, tu actitud y tu visión, sino que afectará a las personas que te rodean. Lo mejor que puedes hacer es sacar de ti ese deshecho tóxico. Suéltalo. Tienes que entregárselo a Dios. «Dios, perdónalos por lo que hicieron. Suelto las heridas, lo que perdí, lo que no tuve. Confío en que tú me compensarás».

> *No puedes enterrar la amargura, el odio y el rechazo e impedir que goteen. Es demasiado tóxico.*

Esa empresa nunca pensó que años después tendrían que lidiar otra vez con el mismo problema tóxico, pero esta vez la contaminación se había extendido y había empeorado. Si lo hubieran manejado bien la primera vez, no habrían tenido después esa dificultad. La buena noticia es que no es demasiado tarde para hacer algo al respecto. No tienes que vivir con esa contaminación dentro de ti. Suéltala. Perdona a la persona que te hirió, perdona a tu padre o a tu madre por lo que no te dio. Suelta la decepción, el sueño que no funcionó. Suelta la culpa, la vergüenza, el lamento, el remordimiento. He conocido a personas que han cargado la culpa durante tanto tiempo, que han sufrido crisis nerviosas. Están desgastados y apenas pueden actuar con normalidad. No puedes mantener eso encerrado y a la vez alcanzar todo tu potencial.

No dejes que entre el veneno

David fue al palacio para trabajar como uno de los armeros del rey Saúl. Durante un tiempo, Saúl estuvo orgulloso de David y lo amaba como a un hijo, pero con el tiempo Saúl se volvió celoso de David. Podía ver la unción y el favor en la vida de David. En lugar de alegrarse por David, Saúl quiso deshacerse de él. Mientras David estaba tocando el arpa para Saúl, intentando hacer que Saúl se sintiera mejor, Saúl arrojó una lanza a David que no le dio por muy poco. David tuvo que huir para salvar su vida. Solo había hecho cosas buenas por Saúl. Lo había honrado y servido, pero a cambio Saúl intentó matarlo. David pasó años viviendo como un fugitivo, escondiéndose en cuevas, y Saúl y sus hombres persiguiéndolo. En una ocasión, David pudo haber matado a Saúl. Se acercó sigilosamente hasta Saúl y sus hombres mientras estos dormían, pero no le hizo ningún mal. A pesar de que David era bueno con Saúl, Saúl nunca cambió de idea. No quería que volviera al palacio. Tras varios años, Saúl murió en una batalla y David fue nombrado rey.

Cuando David se enteró de que Saúl había muerto, uno pensaría que se habría sentido aliviado y feliz. Finalmente, este hombre que le había hecho la vida imposible, que le había causado tantos dolores de cabeza y le había obligado a vivir donde no podía perseguir sus sueños, ya no estaba vivo. Claro, seguro que David reuniría a sus hombres y harían una gran fiesta. Pero las Escrituras dicen que cuando David se enteró de que Saúl había muerto, lloró y escribió un canto honrándolo, el cual decía: «Qué amado y compasivo era Saúl». No es de extrañar que David llegara tan alto. Aprendió a

> *Una clave del éxito de David es que no dejó que entraran las toxinas.*

soltar las cosas. ¿Te imaginas escribir una canción que honre a tu mayor enemigo, el que intentó derribarte, diciendo lo amado que era? Una clave del éxito de David es que no dejó que entraran las toxinas. No enterró las cosas que no eran justas, las injusticias, la ira o el dolor. Se lo entregó todo a Dios. Incluso años después, cuando estaba sentado en el palacio, el mayor líder de ese tiempo o quizá de cualquier tiempo, habiendo conquistado todo tipo de territorios y visto el favor de Dios de muchas maneras poderosas, David le dijo a su equipo: «¿Queda todavía alguien vivo de la casa de Saúl a quien pueda bendecir?».

Aún seguía sin amargura contra Saúl. Siguió siendo bueno con un hombre que no había sido bueno con él. ¡Quién sabe dónde te llevaría Dios si soltaras las cosas cuando tienes todo el derecho de estar enojado y amargado! No estoy diciendo que sea fácil soltar la herida, o el dolor cuando alguien te ha dejado, o cuando has perdido a alguien valioso. Pero es más difícil lidiar con las toxinas en tu interior que soltar las cosas. No siempre es fácil perdonar, pero es más duro quedarse atascado en la derrota y la mediocridad.

> *No siempre es fácil perdonar, pero es más duro quedarse atascado en la derrota y la mediocridad.*

El entrenador Rudy Tomjanovich fue un gran jugador de baloncesto y llegó a ser el entrenador exaltado al Salón de la fama de los Houston Rockets. Durante un partido de la NBA cuando tenía veinticinco años, surgió una pelea entre dos jugadores. Rudy corrió a toda velocidad para separarlos y llegó justo en el momento en que uno de los jugadores se giró y lanzó un puñetazo con todas sus fuerzas sin mirar bien; se estrelló de lleno contra la cara de Rudy, y se convirtió en «el puñetazo que se oyó en todo el mundo». Le provocó una fractura de cráneo, le rompió la nariz y los pómulos, y como resultado de ello se le salió el fluido espinal. Casi le costó la vida a Rudy. Meses después, durante su recuperación, los reporteros le preguntaron sobre el jugador que le había golpeado y qué pensaba él. Todos esperaban su respuesta. Claro, debía estar enojado y amargado por algo que estuvo muy mal. Rudy no lo dudó. Contó que ya había perdonado al jugador, y que no estaba enojado. Los reporteros se quedaron perplejos y dijeron: «Este hombre casi acaba con su vida. Le provocó tres meses de dolor. ¿Cómo es posible que lo perdone?». Rudy respondió: «Sabía que la única manera de poder seguir avanzando era soltándolo. No lo perdoné solo por él. Lo hice para que yo pudiera ser libre».

> *Perdona para poder ser libre. Perdona para poder alcanzar todo tu potencial.*

Tal vez has tenido malas rachas. No te trataron bien. Eso no fue justo. No te estoy pidiendo que le hagas un favor a la otra persona; te estoy pidiendo que te hagas un favor a ti mismo. Perdona para poder ser libre. Perdona para poder alcanzar todo tu potencial. Perdona para que puedas ver belleza en lugar de cenizas. No entierres las toxinas. No entierres lo que te hicieron. Esos sentimientos negativos están vivos. No se pueden contener. Tienes que entregárselo a Dios. Confía en que Él te compensará. No fuiste creado para vivir con venenos que te desgastan y contaminan tu visión. Llegarás mucho más alto si te liberas de eso.

Da a luz algo mejor

David tuvo otra gran decepción. Su bebé recién nacido se enfermó gravemente. Como había cometido adulterio con Betsabé, Dios le dijo que el bebé iba a morir. David se fue a casa y oró, pidiéndole a Dios que cambiara de idea y sanara a su hijo. Durante siete días no comió, no vio a nadie, pensando solo en este bebé y pidiendo un milagro. Por desgracia, el bebé murió. Los consejeros de David estaban muy preocupados por tener que decírselo, por miedo a su reacción. No sabían qué hacer. David los escuchó inintencionadamente y preguntó qué pasaba. Cuando se enteró de que el bebé había muerto, las Escrituras dicen que se levantó del suelo, se lavó la cara, se cambió de ropa y se fue al tabernáculo a adorar. Cuando regresó al palacio, pidió comer, y comió. Sus hombres estaban sorprendidos. Dijeron: «David, cuando el bebé estaba vivo estabas muy angustiado, pero ahora que el bebé ha muerto pareces estar bien». David respondió: «No puedo hacer que el bebé vuelva a vivir, pero un día iré donde él está». David pudo haberse amargado y decir: «Dios, ¿por qué no respondiste mi oración? Te he servido. Hice lo correcto cuando Saúl me perseguía. He intentado honrarte, y ahora sucede esto». No, David sabía soltar. «No lo entiendo, Dios, pero tú estás aún en el trono. Sé que tienes cosas buenas preparadas para mí». En la vida ocurrirán muchas cosas que no entenderemos. No te puedes quedar anclado en los porqués. Parte de la fe consiste en confiar cuando no tiene sentido.

Un año después, la esposa de David tuvo otro bebé. Le llamaron Salomón. Se convirtió en el heredero del trono, el rey después de David, y el hombre más sabio que haya vivido jamás. Si David se hubiera quedado en la desesperación, la vergüenza y

> *Si David se hubiera quedado en la desesperación, la vergüenza y la condenación, si no se hubiera lavado la cara y hubiera soltado la decepción, nunca habría visto al rey que venía después.*

la condenación, si no se hubiera lavado la cara y hubiera soltado la decepción, nunca habría visto al rey que venía después. En los tiempos difíciles, cuando podrías amargarte contigo mismo por algo que hayas hecho, si tan solo lo sueltas y confías en Dios, como hizo David, darás a luz a un rey. Darás a luz algo mayor que lo que hayas podido imaginar, algo donde no pienses en lo que has perdido.

Escuché una historia sobre un águila que descendió para cazar un topo que corría por el suelo. Esto era algo poco habitual porque las águilas raras veces cazan topos para comer. Lo asió con sus garras y se lo acercó al pecho. Cuando el águila iba volando, sosteniendo el topo de cerca, comenzó a cansarse y a perder fuerzas. Cada vez volaba más bajo, y finalmente tuvo que aterrizar. Cuando estaba en el suelo, el águila perdió toda su fuerza, se tumbó y murió. El topo se fue ileso. Fue algo impactante hasta que un veterinario descubrió que el topo había mordido muy sutilmente el pecho del águila, llegando hasta su corazón, y haciéndole perder presión arterial. Aparentemente, el águila no lo podía sentir y sostuvo al topo hasta que finalmente murió.

¿Te estás aferrando a algo que no te das cuenta de que te está matando? Si hay enojo, amargura, culpa o vergüenza, eso estará drenando tu vida. Eso te estará robando el gozo, la paz, la creatividad. ¿A cuánta más altura podrías volar, a qué mayor distancia podrías llegar, si te deshicieras de las cosas que no deberías cargar? Hoy puede ser un punto de inflexión. ¿Sabes qué es más poderoso que las emociones negativas? Una decisión. Es cuando decides soltarla, cuando te lavas la cara como hizo David, cuando dices: «Te perdono», como hizo Rudy. Entonces estarás avanzando hacia el

> *Hoy puede ser un punto de inflexión.*

rey que hay en tu futuro. Quizá hayas enterrado algunas toxinas, o tal vez cargas con algunas cosas que no deberías. Puedes soltarlas ahora mismo. Este es tu tiempo de ser libre. Si lo haces, creo y declaro que estás a punto de volar por nuevas alturas, que nuevas puertas están a punto de abrirse, y que nuevas amistades, sanidad, restauración y logros están de camino.

CAPÍTULO 9

Nada que demostrar

Descansa en la persona que Dios te creó.

Con demasiada frecuencia intentamos obtener nuestra valía de lo que hacemos. Gran parte de ello se trata de lo bien que pensamos que nos va. Nos preguntamos: «¿Soy un buen padre? ¿Tengo talento, soy fuerte, exitoso?». Pensamos que, si trabajamos más, si superamos a nuestros compañeros de trabajo, si vestimos mejor que nuestro amigo, o nuestro auto es mejor que el de nuestro vecino, nos sentiremos bien con nosotros mismos. Vivimos en modo demostración con esta necesidad de impresionar. El problema es que estamos obteniendo nuestra valía del lugar incorrecto. Si no sabes quién eres, un hijo del Dios Altísimo, emplearás tu energía intentando conseguir que la gente te valide. Cuando estás seguro siendo como Dios te creó, cuando estás cómodo con tus dones, contento con tu aspecto y feliz con tu personalidad, no tienes que ir por ahí compitiendo con nadie, estando celoso de un amigo que tiene más talento, o viviendo para impresionar a un primo que es más atractivo. Tú sabes que eres único, una obra de arte, creado a imagen de Dios.

Cuando sabes quién eres, no vives de un modo inapropiado

intentando impresionar a la gente, ni intentando obtener tu valía de lo que otros piensan. No vas por ahí pensando: *¿Me aceptarán? ¿Me elogiarán? ¿Me aprobarán? Si no, me esforzaré más. Les demostraré que soy lo suficientemente bueno.* No, no necesitas su aplauso. Que otros te validen no te llevará hacia tu destino. Que otros te animen está bien, pero si estás obteniendo tu valía de eso, te sentirás devaluado y no lo suficientemente bueno cuando dejen de dártelo. Tendrás que esforzarte más, hacer más para impresionarlos, y quedarte en esa cinta de correr. Estás trabajando mucho y a la vez no llegas a ninguna parte. Quítate esa presión, porque no tienes nada que demostrar a nadie. Tu destino no depende de que caigas bien a otros. Su desaprobación no te impide alcanzar tu propósito. Es una distracción. Estás gastando tiempo y energía intentando impresionar, hacer más, demostrar que eres suficientemente bueno, cuando en realidad ya eres lo suficientemente bueno. Ya has sido aprobado. Dios te creó a su imagen. Ahora corre tu carrera. Tal vez ellos sean muy talentosos y exitosos, así que no tengas temor de celebrarlos porque no estás compitiendo contra ellos. No tienes que demostrarles que tú también tienes talento. Tienes dones que ellos no tienen, así que confía en cómo te hizo Dios.

> *Que otros te animen está bien, pero si estás obteniendo tu valía de eso, te sentirás devaluado y no lo suficientemente bueno cuando dejen de dártelo.*

Tu valía viene de quién eres

Hablé con un hombre cuyo padre fue muy duro con él y muy desdeñoso cuando era niño. Su padre le dijo que nunca llegaría a

> No tienes que convencer a nadie de que eres lo suficientemente bueno.

nada. Ahora este hombre tiene unos cuarenta años, y trabaja de día y de noche intentando demostrar a su padre que sí era fuerte, intentando demostrar que sí tiene talento y es exitoso. Su padre aún no ha reconocido su éxito ni lo ha halagado. Le dije lo que te estoy diciendo a ti. No tienes que convencer a nadie de que eres lo suficientemente bueno. Esa persona no controla tu destino. Eso es una distracción. Estás intentando impresionar a alguien que nunca se va a impresionar. Por mucho que te esfuerces y hagas, no será suficiente para él o ella. Tu tarea no es cambiar de parecer a nadie, sino correr tu carrera. No obtengas tu valía de las personas; obtén tu valía de Dios. Cada vez que intentamos demostrar nuestra valía, la raíz es la inseguridad. Tu valor no debería venir de quién eres, ni de lo que haces o de lo que tienes. De lo contrario, siempre habrá una voz que diga: «No estás a la altura. Tienes que ser más fuerte, más delgado, más alto, más rico, más talentoso, mejor papá, mejor mamá».

Es muy liberador cuando entiendes que no tienes nada que demostrar. No tienes que demostrar a otros que eres suficientemente bueno. Tal vez tu vecina sea una súper mamá que hace todo por sus hijos, incluyendo coser su ropa. Después de la escuela van a clases de arte y manualidades, luego van a la liga menor, después a clases de ballet, luego a lecciones de canto, después a lecciones de pilotaje, y después álgebra tres. Hacen excursiones los fines de semana al campo, y también estudian chino los viernes. No tienes que seguir ese ritmo para demostrar que eres una buena mamá. Quizá ella tenga la habilidad de hacer eso. Está moviéndose en su unción, su llamado, sus dones (lo siento por sus hijos), pero tú no estás compitiendo con ella. Si entras en modo demostración e intentas hacer más que ella, sintiendo que eres menos porque no eres como ella, lo único que conseguirás es desgastarte y perder el gozo. Intentas demostrar algo que no tienes que demostrar. Has entrado en una carrera en la que no estás compitiendo. Camina en tu unción. No tienes que estar a la altura de otras personas. Si estás obteniendo tu valía de cómo te mides con tus iguales, vivirás en modo demostración, trabajando más duro e intentando impresionar. «¿Tengo el mismo talento que mi compañero de trabajo? ¿Tengo el mismo éxito que mi primo?». Ese es un ciclo interminable. Sal de esa cinta de correr. No tienes nada que demostrar. No tienes que ser mejor que tu vecina, más talentoso que tu amigo, o más delgado que tu primo. Esa no es tu carrera. No estás compitiendo contra ellos; compites contigo mismo. Sé lo mejor que puedas ser.

Todos conocemos a mujeres que tienen por naturaleza una talla pequeña y otras mujeres que tienen por naturaleza una talla grande. No se trata de su disciplina, dieta o fuerza de voluntad, sino de cuestiones genéticas. Se trata de cómo te creó Dios. Si estás compitiendo en una carrera en la que no deberías participar, vivirás frustrado. Ni dejando de comer durante tres años te convertirías en una persona con una talla pequeña. ¿Por qué compites en una carrera que no fue diseñada para ti? ¿Qué estás intentando demostrar? ¿Crees que cuando seas lo suficientemente delgado, lo suficientemente fuerte o exitoso te sentirás bien contigo mismo? Sal de esa carrera. Puedes sentirte bien con cómo eres ahora mismo. Estás en una clase tú solo. Cuando Dios te creó, tiró el molde, dio un paso atrás y dijo: «Esto es bueno. Otra obra maestra, creada a mi imagen». Él puso su ADN en ti. ¿Quién dijo que no luces bien? ¿Quién dijo que no tienes el talento suficiente?

> *¿Crees que cuando seas lo suficientemente delgado, lo suficientemente fuerte o exitoso te sentirás bien contigo mismo?*

¿Quién dijo que tienes que ser más alto, más creativo, o tener una personalidad mejor? No te creas esas mentiras. Deja de compararte, deja de competir y corre tu carrera.

Corre tu carrera

Cuando nuestros hijos eran pequeños, la mayoría de mis hermanos hacían la escuela en casa con sus hijos. Le pregunté a mi hermana Lisa por ello, y me dijo: «Cuando los envías a la escuela, pasan ocho horas al día siendo influenciados por otra persona». Yo pensé: *Esas son las ocho horas en las que yo puedo descansar.* Sentimos la presión de ser como ellos. A veces hacemos cosas con la motivación incorrecta. *Voy a educar a mis hijos en casa para que no piensen mal de mí. Voy a demostrar que yo también soy un buen padre.* Tienes que seguir tu propio corazón. Cuando te comparas con otros, empiezas a competir. El problema es que tú no estás corriendo su carrera. La gracia que hay en la vida de otro es diferente a la gracia que hay en la tuya. No es una camiseta de talla única. Si crees que tienes que hacer lo que ellos están haciendo o de lo contrario parecerás inferior, te estás distrayendo de tu destino. No tienes que demostrar que eres tan fuerte, tan comprometido o tan talentoso. Nosotros decidimos llevar a nuestros hijos a la escuela, y les fue bien los primeros cuatro o cinco años. Al final, cuando empezamos a viajar mucho, también hicimos la escuela en casa con ellos. El punto es que corras tu carrera. No tienes nada que demostrar.

> *La gracia que hay en la vida de otro es diferente a la gracia que hay en la tuya. No es una camiseta de talla única.*

No tienes que demostrarle a Dios que eres digno. Él ya te ha creado digno. No tienes que demostrar que mereces su bondad. Él conocía cada uno de tus errores, tus faltas y tus debilidades, y aun así ya te ha aceptado y aprobado. Deja de intentar ganarte su aprobación. Deja de pensar que, si lees mucho tu Biblia, si oras mucho, si citas muchos versículos, si sirves mucho y si das mucho dinero, serás suficientemente

> *Descansa en quién eres, en cómo Él te creó.*

bueno. Descansa en quién eres, en cómo Él te creó. No tienes que vivir esforzándote constantemente, presionado, con la esperanza de poder estar a la altura y quizá así poder ganarte su bendición. No tienes que ganártela. Cuando Él sopló vida en ti, puso su bendición en ti. Ya estás calificado. Libérate de esa presión y camina en esa bendición.

No fuiste creado para vivir en este modo de demostración para intentar impresionar a otros, para hacer más que tu compañero de trabajo, para no sentir que eres lo suficientemente bueno a menos que superes a otros. Vivir para impresionar a otras personas te impedirá llegar a tu destino. Eso te consume un tiempo y unas energías que necesitas para tus propios sueños y metas. Quizá impresiones a alguien. Puede que te ganes su aprobación. Tal vez te elogien y digan: «Qué buen aspecto tienes hoy. Eres muy exitoso». Los elogios de las personas son hermosos, pero no si están alimentando nuestro ego. Deberíamos vivir para impresionar a Dios. Él controla el universo. El ascenso no vendrá de personas a las que impresiones. Demostrar a tu amigo que eres talentoso y exitoso puede que te haga sentir bien, pero eso no te abre puertas, no abre las aguas del mar Rojo, y no te garantiza favor ni conexiones divinas. En lugar de intentar impresionar a las personas, deberíamos pasar nuestro tiempo impresionando a Dios.

Cuida tus motivaciones

Cuando estás seguro en cómo Dios te creó, no te sientes inferior por no poder hacer lo que otro hace. Dios nos ha dado diferentes dones. Yo no me siento inferior porque mi hermano sea médico y yo no tenga una carrera académica. Me doy cuenta de que a Paul le tocó el cerebro, y a mí el buen aspecto. Mi seguridad no está en mi desempeño, en lo que hago, en lo que visto o en el título que preceda a mi nombre. Mi seguridad está en el hecho de que soy un hijo del Dios Todopoderoso. Digo esto con humildad, pero entiendo que soy una obra maestra. Fui creado de forma maravillosa y formidable. Estoy equipado, empoderado, aprobado y ungido. Tienes que obtener tu valor de quién eres y no de lo que haces. De no ser así, pasarás toda tu vida compitiendo con los demás, intentando demostrar tu importancia, intentando convencerlos de que estén ahí para ti. «Mira el auto que tengo. Mira la casa que me he construido. Mira el puesto que tengo. Mira qué buena forma física tengo». Todo eso es bueno, pero es superficial. Si cambia, tu autoestima también cambiará.

> *Cuando estás seguro en cómo Dios te creó, no te sientes inferior por no poder hacer lo que otro hace.*

Hace años atrás, un amigo me invitó a ir a su casa después de jugar al básquet en el gimnasio, así que me subí al auto con él. Tenía un automóvil deportivo muy hermoso. Mientras nos dirigíamos a su casa, observé que iba por el camino más largo. Se podía haber ahorrado unos cuantos kilómetros si hubiera tomado la ruta más directa. Le pregunté por qué no iba por el camino fácil, y me dijo: «Mi exnovia vive en esta calle. Siempre paso por aquí para asegurarme de que vea lo que se está perdiendo». Habían roto la relación hacía casi diez años atrás, pero siempre que podía se esforzaba por demostrar que ella había salido perdiendo, para demostrar que él era exitoso, para demostrar que él estaba feliz sin ella. Lo divertido es que después él se enteró de que ella se había mudado hacía unos años a otro lugar de la ciudad. Todo el tiempo que estuvo conduciendo por allí queriendo demostrarle algo, ella ni siquiera estaba.

Me pregunto cuántas veces intentamos demostrar algo a alguien, y la persona ni siquiera está prestando atención. Intentamos impresionar a personas que ni siquiera prestan atención. Competimos con alguien que ni siquiera sabe que estamos compitiendo. Sí, es bueno tener metas, es bueno que haya personas que nos reten y nos inspiren a llegar más lejos, pero no recibiremos ninguna bendición si nuestras motivaciones no son puras. Cuando nuestra motivación al intentar impresionar a alguien es alimentar nuestro ego, buscar venganza, demostrarles lo geniales que somos, o compensar nuestra falta de autoestima, estamos en un callejón sin salida. Deja que Dios pelee tus batallas, deja que Él te promueva, deja que te vindique. Su favor sobre nosotros no es para que podamos demostrar que tenemos talento o que somos igual de buenos que otros, sino para cumplir nuestra tarea. Es para avanzar el reino.

> *Me pregunto cuántas veces intentamos demostrar algo a alguien, y la persona ni siquiera está prestando atención.*

¿A quién intentas impresionar? ¿Contra quién estás compitiendo? ¿Cuánto tiempo y energía estás empleando en intentar sentir que eres lo suficientemente bueno, talentoso, inteligente, digno? No vale la pena. Prueba un enfoque distinto. Deshazte de la presión de esforzarte y trabajar. No tienes que demostrar nada. Lo que otros piensen de ti no determina tu destino. Conseguir más es

> *¿A quién intentas impresionar? ¿Contra quién estás compitiendo?*

bueno, pero no te hace más valioso. Puede que tu sueldo aumente, pero tu valor no aumentará. No muerdas el cebo de competir e intentar hacer más que el otro pensando que eso te dará más valía. Corre tu carrera. Mantente enfocado en lo que has sido llamado a hacer. No vivas para el aplauso de los demás, sino vive para el aplauso de Dios.

No puedes añadirte más valor

En Lucas 3, Juan el Bautista estaba bautizando a Jesús en el río Jordán. Cuando salió del agua, «el Espíritu Santo descendió sobre él en forma corporal, como una paloma, y una voz descendió del cielo, diciendo: "Este es mi Hijo amado, en quien tengo complacencia"». Lo interesante es que Jesús aún no había comenzado su ministerio. Nunca había sanado a nadie, ni abierto los ojos a ningún ciego ni había convertido el agua en vino. Sin embargo, su Padre dijo: «Estoy muy complacido contigo». Dios estaba complacido con quién era Jesús y no con lo que podía hacer. Su valor no venía de su desempeño. Podría entender que Dios dijera que estaba complacido cuando Jesús resucitó a Lázaro de los muertos, cuando multiplicó los cinco panes y alimentó a la multitud, cuando curó a los leprosos, pero Dios no basa tu valor en lo que haces, en lo bien que actúas, en el talento que tienes, o en cuántas personas te admiran.

> *Dios no basa tu valor en lo que haces, en lo bien que actúas, en el talento que tienes, o en cuántas personas te admiran.*

Se basa en el hecho de que eres su Hijo. Él sopló vida en ti. Te creó a su imagen. No hay nada que puedas hacer que te añada más valor. Por muy bien que actúes o por mucho éxito que tengas, eso no cambia cómo te ve Dios ahora mismo.

Podemos pensar: *Si mi desempeño fuera mejor, si fuera más disciplinado, si fuera más exitoso, entonces Dios sonreiría más sobre mí, y así me mostraría su favor.* Pero Él ya sonríe sobre ti. Él ya te ha coronado de favor. Sí, seguro que hay algunas áreas en las que tienes que mejorar, como nos pasa a todos, pero eso no cambia tu valor. Cuando Dios nos mira, dice: «Ahí está Carlos. Es mi hijo, al que amo, y estoy muy complacido con él. Ahí están Teresa, María y Raquel. Son mis hijas, a quienes amo, y estoy muy complacido con ellas». Cuando entiendes que Dios está complacido contigo, realmente no importa lo que los demás piensen de ti. Si no te ayudan, si intentan desacreditarte y no te dan su aprobación, no pasa nada. Ellos no soplaron vida en ti. Ellos no te conocían antes de que fueras formado en el vientre de tu madre. Ellos no te llamaron, equiparon y ungieron.

¿Por qué intentas demostrar a las personas quién eres cuando Dios ya ha dicho que está muy complacido contigo? ¿Por qué empleas tiempo y energías intentando impresionar a tu vecino, o demostrar a la persona que te dejó que realmente estás bien, o demostrar a un compañero de trabajo que tienes talento? No tienes nada que demostrar. Ellos no controlan tu

> *¿Por qué intentas demostrar a las personas quién eres cuando Dios ya ha dicho que está muy complacido contigo?*

destino, ni pueden detener lo que Dios se ha propuesto hacer por medio de ti. Aparta tus ojos de la gente, de tus faltas y de cualquier pensamiento que diga no estás a la altura. Estás aprobado, has sido aceptado y estás ungido. Ahora, lánzate hacia tu destino.

Pasa la prueba

Después del gran momento cuando Jesús fue bautizado y Dios Padre anunció que estaba complacido con Él, las Escrituras dicen: «El Espíritu guio a Jesús al desierto para ser tentado». A un lado del río Jordán estaba verde y frondoso, con fruta y verdura en abundancia, muy fértil y hermoso. Al otro lado había tierra estéril y seca, calor y polvo, con nada verde ni crecimiento alguno. Uno pensaría que después de este increíble momento, seguro que el Espíritu llevaría a Jesús a la tierra bonita, cómoda y fértil para facilitarle el comienzo de su ministerio. Pero fue justamente lo contrario. Fue guiado al desierto para ser tentado. Puedes estar en el desierto por diseño. A veces, Dios te llevará al desierto. La buena noticia es que Dios no te llevará a algo de lo que no te vaya a sacar. Mantente fiel en el desierto. Pasa la prueba. Sigue haciendo lo correcto.

Una de las pruebas que Jesús tuvo que pasar en el desierto fue no demostrar lo que era o lo que podía hacer.

Una de las pruebas que Jesús tuvo que pasar en el desierto fue no demostrar lo que era o lo que podía hacer. Después de cuarenta días, el enemigo se acercó a Jesús y le dijo: «Si eres el Hijo de Dios, convierte estas piedras en pan». Le estaba diciendo: «Jesús, demuéstrame quién eres. Demuestra que realmente eres el Hijo de Dios. Demuestra que la voz que oí realmente era cierta». Jesús no lo hizo, sino que respondió: «No solo de pan vivirá el hombre». Estaba diciendo: «No tengo nada que demostrar. No necesito que hagas nada por mí. No necesito que me valides. No voy a malgastar mi tiempo intentando convencerte de quién soy». Entonces el enemigo llevó a Jesús al punto más alto del templo, y le volvió a decir: «Si eres el

Hijo de Dios, salta desde aquí». Jesús respondió: «¿Por qué tengo que demostrarte quién soy cuando tú mismo escuchaste a mi Padre anunciar quién soy hace solo cuarenta días? Si yo era su Hijo en el agua, también soy su Hijo en el desierto. No tengo necesidad de impresionarte. No voy a hacer un espectáculo solo para que te convenzas de quién soy. Tengo un destino que cumplir».

Al igual que Jesús, tú tampoco tienes nada que demostrar. No te distraigas con las charlas negativas ni con personas que te desacreditan. No empieces a competir con alguien que no está en tu carrera, en un intento por hacer más o impresionarlo para que esté de tu lado. No necesitas que nadie esté de tu lado.

El enemigo quería que Jesús presumiera. «Salta para que todos en el templo vean lo poderoso que eres, vean cómo los ángeles vienen a sostenerte, para que así puedas impresionar a todos». Jesús no usó su poder con las motivaciones incorrectas, solo para llamar la atención, solo para demostrar lo grande que era. Antes de ser crucificado, dijo: «Podría llamar a doce legiones de ángeles para que bajaran y dieran la vuelta a todo esto, pero no vivo para impresionar a la gente. No vivo para demostrar quién soy. Yo ya sé quién soy. Vivo para cumplir mi propósito». Cuando tus motivaciones son correctas, y necesitas favor o que suceda algo, Dios intervendrá y hará que sucedan cosas que tú no podrías hacer que sucedan.

Cuidado con las trampas

Si alguien podría haber demostrado algo, era Jesús. Él tiene todo el poder. Podría haber silenciado al enemigo. Podría haber creado un chuletón en el desierto. Podría haber volado desde el templo como un piloto de combate, dejando a todos anonadados. Nos estaba

¿Vas a intentar demostrar tu valía, a intentar impresionar a las personas para que piensen que eres genial?

enseñando que no necesitamos la validación de las personas. Tal vez tengas el poder para demostrar algo, tienes el talento y los fondos, podrías vengarte, podrías presumir, podrías impresionar, pero te das cuenta de que eso es una distracción. Como ocurrió con Jesús, todos enfrentaremos esas pruebas. ¿Vas a morder el anzuelo y empezar a competir en cosas que no importan? ¿Vas a intentar demostrar tu valía, a intentar impresionar a las personas para que piensen que eres genial? ¿Vas a intentar demostrar tu valor cuando tu Padre celestial ya se ha ocupado de eso? Él ya ha dicho que está muy complacido contigo.

Si empleáramos el mismo tiempo persiguiendo nuestras metas, trabajando en nuestra tarea, y enfocados en nuestro propósito que normalmente empleamos intentando demostrar, intentando impresionar, intentando sentirnos mejor con nosotros mismos, me pregunto cuán lejos podríamos llegar, cuán grande sería el favor de Dios que veríamos. Te pone bajo una gran presión vivir siempre en modo de demostración. Si caes en esa trampa, el enemigo no te dejará tranquilo. Demostraste una cosa, y él volverá de nuevo. «Si no conviertes estas piedras en pan, entonces al menos salta del templo, al menos demuestra que eres poderoso». El enemigo intentó tres veces conseguir que Jesús demostrara quién era. Siguió acudiendo una y otra vez. Tienes que ser decidido y decir: «No voy a ceder a la tentación de demostrar, de competir, de hacer más o de demostrar a las personas que soy lo suficientemente fuerte, inteligente o talentoso. No tengo nada que demostrar».

Hace muchos años atrás, mi padre quería construir un nuevo

templo. Estábamos en un auditorio que albergaba a unas mil personas. La iglesia estaba creciendo, y necesitábamos un lugar más grande para reunirnos. Durante varios años había estado haciendo planes e intentando ahorrar dinero, pero no conseguía avanzar con ello. Varios de sus amigos pastores que eran mucho más jóvenes que él, estaban construyendo grandes iglesias. Cuando mi padre oía lo que estaban haciendo, se encendía e intentaba hacer que sucediera. En el fondo de su mente, pensaba: *No puedo dejar que hagan más que yo. Me estoy haciendo mayor. Parece que me estoy quedando atrás.* Había una presión subyacente para intentar competir, para estar a la altura, para demostrar que era exitoso, para demostrar que no era demasiado viejo. Se vio tentado a ceder a ello, pero reconoció que esa no era su carrera. No estaba compitiendo con ellos. No tenía que estar a la altura. Pasó la prueba.

Varios años después, todo encajó en su lugar. Mi padre construyó un bonito templo, sin hipoteca. Es importante no perder la motivación correcta para hacer las cosas. Pregúntate: «¿Por qué quiero conseguir el sueño? ¿Por qué quiero una casa más grande? ¿Por qué quiero el ascenso?». Si tus motivaciones son puras, si tu razón es cumplir tu destino, ayudar a más personas, conseguir tu tarea, entonces Dios lo bendecirá. Pero si es estar a la altura de tus vecinos, quedar bien delante de tu familia, o impresionar a las personas que tienes bajo tu mando, resultará en un problema. El favor de Dios no es para edificar nuestro ego, sino para edificar el reino.

> *Pregúntate: «¿Por qué quiero conseguir el sueño? ¿Por qué quiero una casa más grande? ¿Por qué quiero el ascenso?».*

Avanzar el reino

Cuando David se dirigía hacia Goliat, su hermano acababa de burlarse de él. Su padre no creía que tenía lo que hay que tener. El rey Saúl pensaba que era demasiado pequeño y que necesitaría una armadura. David tenía a todas estas personas que no creían en él, pero él no fue a demostrar que estaba ungido para ser el siguiente rey. No se trataba de demostrar nada, sino de cumplir su propósito. Él veía a Goliat como alguien que obstaculizaba el paso de los israelitas, un gigante que desafiaba a los ejércitos del Dios vivo. Si David hubiera ido solo a demostrar a las personas quién era él y a alimentar su ego, no habría visto el favor de Dios. Su motivación era avanzar el reino. No lo estaba haciendo por el aplauso de la gente o para ganar fama y notoriedad. No pensaba: *Oye, esto me va a dejar muy bien ante todos*. Se trataba de honrar a Dios. Cuando tienes la motivación correcta, Dios tomará tu honda y tu piedra y hará que derribes un gigante. Él abrirá puertas que tú no podías abrir. Él hará que te vean bien, que te honren, que te admiren. No estabas buscando impresionar a nadie ni hacer algo mayor que otros. Estabas buscando el reino.

> *Si David hubiera ido solo a demostrar a las personas quién era él y a alimentar su ego, no habría visto el favor de Dios.*

Mi pregunta es la siguiente: ¿a cuánta presión más te vas a someter intentando demostrar, intentando estar a la altura, intentando que te validen? Este puede ser un nuevo día. Puedes terminar de leer este capítulo mucho más ligero. No tienes nada que demostrar. No tienes que estar a la altura de nadie. No estás compitiendo con nadie. No tienes que hacerlo mejor para que Dios te apruebe. Él ya ha dicho: «Tú eres mi hijo amado, mi hija amada, en quien estoy muy complacido». Su aprobación no está basada en lo que hiciste o no hiciste; está basada en quién eres: su hijo, su hija. No tienes que vivir esforzándote, estresado y compitiendo. Sal de esa cinta de correr que te está robando el gozo, y descansa en la persona que Dios hizo de ti. Corre tu carrera, enfócate en tus metas, y mantén las motivaciones correctas. Si haces eso, creo y declaro que vas a vivir más libre y vas a ver el favor de Dios de maneras aún más grandes. Lograrás tus sueños, superarás los obstáculos, y te convertirás en todo aquello que Dios quiere que seas.

CAPÍTULO 10

No dependas de las personas

**Tu valía no procede de otra persona;
tu valía viene de tu Creador.**

Es estupendo cuando las personas creen en nosotros, nos animan, y nos hacen sentir valiosos. Nos encanta cuando nuestro cónyuge nos elogia, cuando un amigo está ahí para animarnos, o cuando nuestro compañero de trabajo se queda hasta tarde para ayudarnos con un proyecto. Dios usa a las personas para ayudarnos a avanzar hacia nuestro destino. Pero esta es la clave: no puedes volverte tan dependiente de las personas que llegues a obtener tu valía y valor de cómo te tratan. Es fácil hacerse adicto a los elogios, adicto al ánimo, y adicto a que otros te alienten. Cuando eso sucede, dependes de que ellos sigan haciéndote sentir bien contigo mismo, de que siempre estén ahí para validarte y para hacerte sentir aprobado. Se han convertido en una droga para ti. Si no te hacen sentir bien y cumplen tus expectativas, te desanimas, te sientes inferior, y trabajas más para intentar ganar su aprobación. El problema es que intentas obtener de las personas lo que solo Dios puede darte. Tu valía no procede de otra persona; tu valía viene de tu Creador.

Si dependes de las personas, te decepcionarás. Las personas te defraudarán, las personas tendrán cosas que hacer y no estarán ahí cuando las necesites, y a veces las personas incluso te darán la espalda. En las Escrituras, Pedro era amigo íntimo de Jesús. Estaban juntos día y noche, pero cuando Jesús más necesitaba a Pedro, éste negó conocer a Cristo. Jesús pudo haberse enojado y decir: «Dios, no lo entiendo. ¿Por qué no me apoyó?». Podía haber dejado que eso le hiciera perder su destino. Deja de depender de las personas. Lo que ellas hagan o no hagan no determina tu valía. Lo que te den o no te den no puede detener tu propósito. Dios sopló su vida en ti. Él te ha coronado de su favor. Deja de esperar que la gente te apruebe, y empieza a aprobarte tú mismo. Puede que las personas no te animen, pero puedes animarte tú mismo. Puede que las personas no te hagan sentir especial, pero tú puedes hacerte sentir especial. Puedes decir: «Soy hijo del Dios Altísimo. Llevo puesta una corona de favor. Soy único. Soy una obra maestra».

> *Puede que las personas no te hagan sentir especial, pero tú puedes hacerte sentir especial.*

Tendrás mejores relaciones si empiezas a validarte. Si siempre dependes de que otra persona te apruebe, te convertirás en alguien que siempre está necesitado, en una carga, siempre esperando que otras personas te hagan sentir bien. ¿Puedo decirte que tus amigos ya tienen suficientes problemas? Tus familiares tienen asuntos suficientes con los que lidiar como para que lleguen a casa y tengan que trabajar en ti durante tres horas. Eso no solo te está haciendo daño a ti, sino que es injusto para las personas que Dios pone en tu vida. No es su responsabilidad mantenerte animado. No pongas esa presión extra sobre ellos. Aprende a recibir tu valía de tu Padre celestial. Si basas tu autoestima en lo que la gente te da, entonces si un día cambian de opinión, si dejan de hacerlo, te sentirás devaluado. Pero, cuando acudes a Dios para buscar eso, nadie puede quitártelo. No depende de cómo te traten los demás, de cómo te hagan sentir, o de cuántos elogios te den. Depende del hecho de que eres un hijo del Dios Altísimo, y que sabes que Él ya te ha aprobado. De ahí es de donde obtienes tu valía.

No necesitas la aprobación de nadie

Tal vez estés diciendo: «Mis padres no me educaron bien. No tuve una buena infancia. Mi cónyuge nunca me elogia, y mi jefe no me da el mérito que merezco». Esto te lo digo con respeto: si no lo recibiste, es que no lo necesitabas. Ellos no pueden impedir tu destino. Lo que digan o hagan no puede invalidar el plan de Dios para tu vida. Sacúdete la negatividad. Esa persona que te dejó, que te ofendió, que hizo comentarios hirientes, sacúdete esa falta de respeto. No creas las mentiras de que no tienes talento suficiente, que no eres lo suficientemente atractivo o lo suficientemente bueno. Ellos no determinan tu valor. No pueden rebajar tu autoestima. El único poder que las personas tienen sobre ti es el poder que tú les des.

Contra Jesús vinieron personas de todos los tipos. Políticos, líderes religiosos, enemigos y críticos intentaron desacreditarlo, hacer que se sintiera inferior, y conseguir que abandonara. Él pudo haber mordido el anzuelo y pensar: *No debo ser muy especial. Mira todo lo que dicen de mí. Mira cómo me tratan.* Pero Jesús entendió este principio. Sabía que su

> *«Su aprobación o desaprobación no significa nada para mí».*

valía no venía de las personas, sino que venía de su Padre celestial. En Juan 5, Jesús amonestó a un grupo de críticos suyos: «Su aprobación o desaprobación no significa nada para mí». Estaba diciendo: «Yo no necesito su aprobación para sentirme bien conmigo mismo. No necesito su ánimo o su apoyo para seguir adelante».

El apóstol Pablo lo dijo así en el libro de Filipenses: «Soy autosuficiente en la suficiencia de Cristo». Nuestra suficiencia no está en nuestra propia fuerza; cuando sabemos que el Creador del universo vive en nosotros, cuando sabemos que Él nos ha equipado, empoderado y ungido, podemos relajar los hombros y alzar la cabeza sabiendo que, si Dios nos aprueba, no necesitamos la aprobación de la gente. Es bueno cuando las personas nos animan y nos alientan, pero lo que estoy diciendo es que no dependamos de eso. Si alguien no te da lo que esperabas, si no te valida, está bien; tú mismo puedes validarte, tú mismo puedes aprobarte, porque eres autosuficiente en la suficiencia de Cristo. Puedes

> *Eres autosuficiente en la suficiencia de Cristo.*

sentirte bien con quién eres, sabiendo que Dios te escogió a dedo, te creó a su imagen, y puso en tu interior semillas de grandeza.

¿Qué estoy diciendo? Que no necesitas la alabanza de nadie. No tienes que recibir el aplauso de la gente, porque ya tienes el aplauso de Aquel que más importa, del Dios que creó el mundo con su voz. Yo prefiero tener su aplauso que el aplauso de la gente. Pero quizá me digas: «Bueno, si pudiera convencer a esta persona para caerle bien, pues conoce a mucha gente, y tal vez eso podría abrirme nuevas puertas». La Escritura dice: «El ascenso no viene de las personas, sino del Señor». Dios sabe dónde están todas las oportunidades. Él puede hacer que las cosas ocurran para ti sin que tengas que convencer a nadie para caerle bien. No tienes que halagar a las personas intentando ganarte su favor. Si no quieren ser amigos tuyos, ellos se lo pierden, no tú. Hazte un favor a ti mismo y sigue avanzando. Ellos no son parte de tu destino. Dios tiene conexiones divinas para ti, personas que Él ya tiene preparadas. Ellos ya están en tu futuro.

Las personas no te pueden dar lo que no tienen

A veces, la razón por la que las personas no nos dan lo que necesitamos es porque no lo tienen. Nadie se lo dio a ellos, no lo vieron modelado al crecer. Si no los criaron unos padres afectuosos, que les expresaron sentimientos de amor y eran buenos el uno con el otro, el problema es que no te lo pueden dar. Si estás intentando conseguirlo de ellos, te vas a frustrar. ¿Por qué no los sueltas del anzuelo y acudes a Dios para que te dé lo que ellos no pueden darte? Esta es la clave: Dios lo tiene todo. Si aprendes este principio de no depender de las personas sino acudir a Él a recibir ánimo, aprobación y autoestima, entonces no vivirás estresado porque alguien no te dé lo que esperas. Si nadie te elogia, tú mismo puedes hacerlo. Levántate en la mañana, mírate en el espejo, y di: «Buenos días, qué buen aspecto tienes hoy». Decláralo por fe. Dios te llama obra maestra. Di lo que Dios dice de ti. «Soy fuerte. Estoy saludable. Soy único. Estoy muy favorecido».

Tienes que animarte a ti mismo. Alentarte. Elogiarte. No puedes depender de tu cónyuge, de tus padres, de tu entrenador, de tu maestro o de tu pastor. Ellos tienen buenas intenciones, y no podrían amarte más de lo que te aman, pero ninguna persona puede suplir todas tus necesidades. Solo Dios puede hacerlo. Si solo miras a las personas, al final te

> *Tienes que animarte a ti mismo. Alentarte. Elogiarte.*

volverás rencoroso, amargado, y empezarás a ir contra ellos. Eso amargará tu relación. La verdad es que ellos no tienen la culpa. Tal vez tienen sus propios problemas y asuntos; quizá sean buenos en otras áreas. Si no dependes de las personas, sino que acudes a Dios, no dependerás de lo que otros digan. Si no te dan lo que necesitas, y esa fuera la única manera de conseguirlo, estarían controlando tu destino. Dios no diseñó el plan para tu vida y dijo: «Está bien, todo depende de si otras personas hacen bien su trabajo o no. Si te animan, si te alientan, y si nunca te defraudan, llegarás a tu destino». No, Dios puso todo lo que necesitas a tu alcance.

En lugar de vivir con necesidad, pensando: *¿Por qué no me halagan? ¿Por qué no es mi amigo?*, la actitud correcta sería: *Nadie me debe nada. No necesito la aprobación de la gente, su aplauso o sus elogios. Sé dónde acudir en busca de todo lo que necesito. Soy autosuficiente en la suficiencia de Cristo.*

Cambia tu perspectiva

Mi padre se crio en pobreza en una granja de algodón durante la Gran Depresión. No tenía comida suficiente, apenas tenía ropa, y tuvo una educación muy escasa. Tuvo una infancia muy difícil. A los diecisiete años, mi papá le entregó su vida a Cristo, dejó la granja y se fue, y comenzó a ministrar. Años después, cuando tenía cuarenta años y se había convertido en un ministro exitoso, comenzó a pensar en cómo fue criado y todo lo que tuvo que soportar. Se preguntaba por qué sus padres no le dieron una infancia mejor, por qué tuvo que crecer sin comida y sin una buena educación. Todos esos recuerdos negativos llenaban su mente, y comenzó a pensar: *Eso no estuvo bien. Deberían haberlo hecho mejor. No me dieron lo que yo necesitaba.* Se angustió tanto con ello, que estuvo a punto de viajar de nuevo hasta la casa de sus padres para confrontarlos y decirles lo que pensaba.

Justo antes de que mi padre se subiera a su automóvil, escuchó una voz en su interior que le dijo: «No te trataron bien, ¿verdad?». Él dijo: «Sí, así es». La voz continuó: «No fue justo, ¿verdad? No te dieron lo que necesitabas». Él respondió: «No, no fue justo». «Tienes que darles una lección». «Sí, voy a dársela». Después la voz le dijo: «¿Cómo crees que lo habrías hecho tú si hubieras estado en su lugar? ¿Cómo lo habrías hecho sin tener ingresos, con los bancos cerrados, sin nadie que te comprara el algodón, con seis hijos que alimentar y criar, y sin electricidad, ni lavadora ni ninguno de los electrodomésticos modernos?». Esa conversación cambió la perspectiva de mi padre. Se dio cuenta de que sus padres hicieron lo mejor que pudieron con lo que tenían. No pudieron darle lo que no tenían. ¿Por qué no liberas a las personas de tu vida como hizo mi padre? Tal vez hicieron lo mejor que pudieron. Quizá han tomado decisiones que no entiendes, decisiones que sientes que te ponen en desventaja, pero tú no tuviste que estar en su lugar. Quizá nadie les dio lo que necesitaban para dártelo a ti. El resumen es que nadie te debe nada.

Dios sabe los detalles de todo. Él ha visto todo lo que te ha ocurrido en la vida, la injusticia, las malas rachas, la persona que te ofendió. Esas personas no pueden compensarte, no pueden hacer que estés bien. Eso solo lo puede hacer Dios. Él dijo que te dará belleza en lugar de cenizas. Él dijo que te pagará el doble por las cosas injustas que te ocurrieron. Deja de querer que la gente te compense. Deja de intentar que alguien se disculpe contigo, que admita que se equivocó, que

> *Esas personas no pueden compensarte, no pueden hacer que estés bien.*

te dé lo que no tiene. Si acudes a Dios, Él te sacará siendo mejor. Él hará que el resto de tu vida sea más satisfactorio y más pleno que si no te hubiera ocurrido en un principio. Eso es lo que hizo mi padre. Lo soltó. Se dio cuenta de que sus padres no podían darle lo que no tenían. Papá empezó a vivir una vida bendecida, próspera y exitosa.

Ninguna persona puede suplir tus necesidades

Cuando liberas a las personas y dejas de intentar hacer que se comporten de modo perfecto y te hagan sentir bien, la consecuencia es que no solo sus vidas serán mejores, sino que también mejorará tu relación con ellos. Por muy buena que sea una persona, es imposible que te dé todo lo que tú necesitas. Me doy cuenta de que no puedo suplir todas las necesidades de Victoria. Puedo animarla, elogiarla y tratarla con respeto. Puedo dar lo mejor de mí, pero soy humano, tengo defectos y cometo errores. Si ella solo me mirase a mí, se decepcionaría. Sin embargo, si miras a Dios, nunca te decepcionarás. Ninguna persona tiene el cien por ciento. He escuchado que, en una relación, lo máximo que la otra persona dará es el ochenta por ciento de lo que necesitas. Siempre habrá un veinte por ciento que no podrán darte. El error que cometemos es cuando dejamos el ochenta para ir a buscar el veinte en otra persona. Si eres esposo, quizá pienses: *Joel, a mi esposa le falta mucho más que el veinte por ciento*. Piénsalo así: si ella tuviera más, ¡no se habría casado contigo!

Parte del veinte por ciento que Victoria necesita pero que yo no le doy es que no me gusta hablar mucho. Las personas me ven en televisión y piensan que soy extrovertido, pero en privado soy muy callado y reservado. La charla no está entre mis cosas favoritas. Y, sí, en casa hablamos y nos reímos y nos divertimos juntos, pero

Victoria y su familia pueden hablar durante horas. Disfrutan el uno del otro. En una ocasión, almorzamos juntos en nuestra casa con toda su familia, y después de unos treinta minutos, cuando yo había terminado ya de comer, pedí que me excusaran y fui a otra sala para ver el partido de fútbol. Tres horas y media después, regresé y aún estaban sentados a la mesa. Nadie se había movido. Me quedé asombrado. Les pregunté: «¿Han ido a algún lugar en este tiempo?». Victoria dijo: «No, no hemos ido a ningún lugar». Yo dije: «¿De qué están hablando?». Victoria dijo: «De nada». Hablaron de nada más que ninguna otra persona que conozca.

La clave para una buena relación es reconocer las fortalezas y debilidades de la otra persona, y después dejarle espacio para que sea como es. No intentes hacer que encajen en tu molde. Algo que aprecio de Victoria es que no dice: «Joel, ven aquí y conversa con nosotros durante tres horas y media, o de lo contrario

> *No intentes hacer que encajen en tu molde.*

me enojaré; te ignoraré». Ella reconoce que eso es parte del veinte por ciento que no tengo. Le doy gracias a Dios cada día porque no lo tuve, pero Victoria no intenta hacer que encaje en su molde, y más importante aún, no intenta conseguir de mí algo que no tengo. Si dependes de otra persona para suplir todas tus necesidades y convertirse en todo en tu vida, acabarás decepcionado. Libera a las personas.

Deja de intentar agradar a la gente

A veces, Dios nos dejará pasar por épocas en las que no conseguimos lo que esperamos de las personas. Intencionalmente, Él hará que no nos lo den para enseñarnos no solo a no depender de otra persona, sino a recibir nuestro ánimo, nuestro valor y nuestra valía de Él. Mencioné antes que, cuando comencé a ministrar por primera vez en 1999, estaba muy inseguro de mí mismo. Nunca lo había hecho. Mi papá sufrió un ataque al corazón y se fue a la presencia del Señor, y yo di un paso al frente para pastorear la iglesia. Estaba muy preocupado por lo que pensaría la gente: ¿sería suficientemente bueno, me aceptarían? Después de los servicios, cuando hablaba con las visitas y otras personas, vivía de los halagos de la gente que me decía cosas buenas: «Joel, hoy estuvo fantástico. Lo disfruté mucho». Esos comentarios eran como agua para mi alma sedienta. Recibía mi aprobación y validación de la gente.

Dios puede usar eso para hacer que sigamos adelante durante un tiempo, pero en algún momento, como una madre desteta a un niño para que pueda crecer, Dios nos destetará de la dependencia de los halagos y aplausos de la gente. No significa que nunca vaya a suceder, sino que llegarás a ese punto en el que no dependerás de que otras personas te animen para poder sentirte bien contigo mismo. No dependes de que ellos te halaguen y te mantengan animado. Es hermoso oírlo, pero has desarrollado una autosuficiencia. No dependes de la aprobación de las personas, porque buscas la aprobación de Dios.

El primer año que comencé a ministrar en Lakewood, las personas me animaban cada vez que me subía la plataforma a hablar. Me animaban mucho, y eran muy leales y alentadores. Cada vez que me bajaba de la plataforma, Victoria decía: «Joel, hoy ha sido increíble. Lo has hecho muy bien». Podía haber sido el peor mensaje del mundo, pero siempre sabía que ella me diría que fue bueno. Sé que a veces estaba mintiendo, pero yo lo necesitaba en ese entonces. Esto transcurrió así durante un año más o menos, hasta que un día después de terminar mi mensaje y bajarme de la plataforma, Victoria no me dijo nada. Me quedé allí de pie y esperé y esperé, le di muchas oportunidades, pero aun así no dijo nada. Pensé: *Bueno, estará preocupada, pensando en otra cosa.* Fui a la entrada para hablar con las visitas, pero ninguna persona me halagó por mi sermón. Por lo general, varias personas solían decirme algo, aunque solo fuera por ser educados. Pensé que me estaban tomando el pelo. Me fui de la iglesia muy desanimado. Cuando llegué a la casa, mi perrita que siempre me espera en la puerta de atrás muy contenta de verme, saltando sobre mí, ni siquiera estaba en la puerta. Me acerqué, y estaba en su cama. Me miró, apenas sin abrir los ojos como si dijera: «Ah, eres tú». Después cerró los ojos y se durmió. Dios usará incluso a tu perro para trabajar en ti.

Al mirar atrás ahora, me doy cuenta de que Dios me estaba enseñando a no depender de lo que piensen las personas, a no tener que tener su aplauso y aprobación. Él me estaba destetando de esos halagos. Si yo no hubiera aprendido eso en aquel entonces, no estaría donde estoy hoy. He aprendido que, cuanto más alto te lleva Dios, más desaprobación, más oposición y más críticos tendrás. Si estás basando tu valía en cómo te trata la gente y en cuánto te animan, e intentas tenerlos contentos, nunca llegarás a ser todo lo que Dios quiere que seas. En esos primeros años, si oía un comentario negativo se me arruinaba el domingo. Me iba a casa desanimado, pensando que no era lo suficientemente bueno. Pero ahora que he sido destetado de ese biberón, por así decirlo, si oigo algo negativo no me molesta. Entiendo que, mientras esté haciendo

> *Si estás basando tu valía en cómo te trata la gente y en cuánto te animan, e intentas tenerlos contentos, nunca llegarás a ser todo lo que Dios quiere que seas.*

mi mejor esfuerzo y honrando a Dios, no necesito la aprobación de la gente. Tengo la aprobación del Dios Todopoderoso. Nunca conseguirás tener a todos contentos. Deja de intentar agradar a las personas. Cuando llegues al final de tus días, no vas a estar delante de la gente para rendirles cuentas de tu vida; estarás delante de Dios, y Él no te preguntará: «¿Tuviste a todos contentos? ¿Agradaste a toda tu familia? ¿Tuviste el apoyo de tus compañeros de trabajo?». Él te preguntará: «¿Cumpliste mi propósito para tu vida? ¿Corriste tu carrera? ¿Terminaste tu tarea?». Como me ocurrió a mí, tal vez tú tampoco estás recibiendo de la gente lo que antes tenías: los halagos, el apoyo, el ánimo. En lugar de frustrarte, busca una nueva perspectiva. Dios te está haciendo crecer. Te está preparando para el siguiente nivel de tu destino. Cuanto menos dependas de las personas, más fuertes serán tus músculos espirituales, más feliz estarás, y más alto volarás.

Menos es mejor

En Jueces 7, después de que los madianitas unieran sus fuerzas con otros dos ejércitos más, cruzaron el río Jordán y estaban a punto de atacar a los israelitas. Cuando Gedeón envió mensajeros para reunir hombres de guerra, aparecieron treinta y dos mil guerreros israelitas dispuestos a pelear. Gedeón se sentía bien. Tenía un ejército que sentía que era adecuado para proteger al pueblo de Israel. Pero, mientras marchaban hacia el enemigo, Dios le dijo: «Gedeón, tienes demasiadas personas contigo. Si ganas la batalla, los israelitas pensarán que lo hicieron en sus propias fuerzas». Dios le dijo que pregonara que todo el que tuviera miedo se fuera a su casa. Tras ello, veintidós mil hombres se dieron media vuelta y se fueron. En un instante, perdió dos tercios de su ejército. Estoy seguro de que Gedeón tragó saliva y dijo: «Dios, ¿viste lo que acaba de ocurrir?». Dios dijo: «Sí, lo vi. Pero, Gedeón, aún tienes demasiadas personas». Dios le dijo a Gedeón que tomara a los diez mil restantes y los llevara a la orilla de un río para que bebieran agua y los dividiera en dos grupos. Todos los que se arrodillaran y bebieran con la boca directamente del río, formarían un grupo. El segundo grupo estaría compuesto por los hombres que tomaran agua en sus manos y la lamieran con sus lenguas como hacen los perros. Nueve mil setecientos hombres llevaron su boca hasta el río. Ese sería el grupo que se iría a casa. Solo trescientos hombres bebieron de sus manos. Su ejército se redujo de treinta y dos mil a trescientos.

Me imagino que Gedeón pensó: *Dios, tenía confianza con treinta y dos mil hombres. Estaba un poco preocupado con diez mil, pero ¿trescientos hombres? Esto es imposible.* Dios estaba diciendo: «Gedeón, no necesitas a todos los que crees que necesitas. Estás dependiendo de demasiadas personas». Dios nos está diciendo esto a nosotros: «No necesitas que todos tus compañeros de trabajo te apoyen. No es necesario que todos tus familiares y amigos te alienten». Esta es la clave: cuanto menos dependas de la gente, mayor es la unción sobre tu vida. Cuando no dependes de otros, esperando que te ayuden, pensando que ellos son tu salvación, entonces Dios liberará su favor en tu vida a lo grande. Gedeón fue con esos trescientos hombres, solo un uno por ciento del número inicial, y Dios les ayudó sobrenaturalmente a derrotar a los ejércitos que eran mucho mayores y estaban mucho mejor equipados.

> *Cuanto menos dependas de la gente, mayor es la unción sobre tu vida.*

Del mismo modo, Dios te dará victorias cuando las probabilidades estén totalmente en tu contra. Tú crees que puedes lograr tu meta si tienes el apoyo y las conexiones suficientes. Tú piensas que puedes superar un obstáculo si tienes a los jugadores más fuertes, a las mejores personas en tu equipo legal. Dios te está diciendo: «No te preocupes por ello. No tienes que tener a todas esas personas». Dios y tú son mayoría. Las fuerzas que están contigo son mayores que las fuerzas que hay contra ti. Ahora deja de decir: «Oh, si tal persona me entrenara, si tal otra me apoyara». Si dejas de depender de la gente, la unción aumentará en tu propia vida. Conseguirás más con menos ayuda y menos personas, y vivirás una vida más plena, porque el favor de Dios está sobre tu vida.

¿Estás frustrado porque no crees tener el apoyo necesario? Míralo desde esta nueva perspectiva: la mayor fuerza del universo está soplando ahora en dirección a ti. ¿Estás desanimado porque las personas no te dan lo que antes te daban? Es porque Dios te está haciendo crecer. Deja de intentar conseguir de las personas lo que solo Dios te puede dar. Acude a Él a recibir tu valor, tu autoestima y tu ánimo. Si empiezas a superar estas pruebas como hizo Gedeón, a no depender de la gente, no solo vivirás con más paz, más confianza y más seguridad, sino que también superarás obstáculos que parecen insuperables y lograrás sueños que parecen imposibles.

CAPÍTULO 11

Siéntete cómodo con no saberlo todo

No dejes que lo que no sabes y lo que no puedes ver te impida usar tu fe.

Todos tenemos situaciones que no vemos cómo se resolverán. Estudiamos los hechos, los números, los reportes, y las probabilidades no son muchas. Nos esforzamos al máximo por conseguir un plan, por encontrar una solución. Pensamos que tenemos que tener la respuesta o, de lo contrario, no sucederá. Pero hay algunas cosas que Dios no quiere que sepamos. Él tiene la solución, pero si te la mostrara ahora mismo, no sería necesaria la fe. Si pudieras ver cómo tu hijo va a actuar y las puertas que Dios va abrir, la provisión, la sanidad y el favor, sería fácil creer. La prueba viene cuando no tenemos las respuestas, cuando no vemos cómo podría suceder. La mente nos dice: *¿Cómo vas a vivir económicamente cuando te retires? ¿Qué pasará si no te dan la beca? ¿Qué ocurre si tu salud no mejora?* El problema es que a veces no hay una solución lógica. Cuanto más intentamos razonarlo, más nos desanimamos y empezamos a pensar: *¿Qué voy a hacer?* De eso se trata la fe. Tienes que estar cómodo, aunque no lo sepas todo. No tienes que resolverlo y trazar un plan. Está bien no saber.

Cuando Moisés sacó a dos millones de personas de la esclavitud por el desierto en dirección a la Tierra Prometida, estaban emocionados. Dios acababa de liberarlos del faraón después de cientos de años de cautividad en Egipto. Me los imagino preguntándole a Moisés: «¿Dónde vamos a acampar en el desierto?». Moisés respondió: «No lo sé». «¿De dónde vamos a conseguir la comida?». «No lo sé». «¿Dónde está la reserva de agua?». «No lo sé». «¿Cómo nos vamos a proteger?». «No lo sé». «¿Qué ruta vamos a tomar?». «No lo sé». Podían haber dicho: «Moisés, ¿qué clase de líder eres tú?». Que no sepas algo no significa que Dios no tenga un plan. Moisés estaba tranquilo,

> *Que no sepas algo no significa que Dios no tenga un plan.*

aunque no lo sabía todo. Tenía tal confianza en Dios, que no necesitaba entender cómo iba a funcionar todo. No necesitaba todos los detalles. Él iba dando pasos de fe. A veces pensamos que decir «No lo sé» es falta de fe. Creemos que necesitamos tener todas las respuestas, tenerlo todo resuelto. Quítate esa presión. No tienes que saberlo todo; Dios lo sabe. Él te tiene en la palma de su mano. Él está dirigiendo tus pasos.

Las Escrituras dicen que Dios tiene planeados todos tus días. Él tiene el plano de tu vida, pero hay una trampa. Él no te muestra todos los detalles. Si te mostrara lo que tiene preparado y dónde te está llevando, te emocionarías y te sorprenderías. Pero, cuando vieras lo que te va a costar llegar hasta allí, los gigantes que vas a tener que enfrentar, las noches a solas, las traiciones, las puertas cerradas, los faraones que te saldrán al encuentro, pensarías: *No, gracias, Dios. Me quedo donde estoy.* Una razón por la que Dios

> *Una razón por la que Dios no nos muestra la respuesta es que Él sabe que eso nos causaría desánimo.*

no nos muestra la respuesta es que Él sabe que eso nos causaría desánimo. Si no puedes resolver cómo saldrá algo y empiezas a preocuparte, a perder el sueño, a preguntarte qué va a ocurrir, es una señal de que Dios no quiere que lo sepas. Tienes que estar cómodo, aunque no lo sepas todo.

La fe dice: «Dios, no sé cómo voy a educar a estos hijos, pero no voy a vivir preocupado y estresado. No sé cómo voy a sacar adelante mi empresa, pero confío en ti cuando no tengo la respuesta. No sé cómo restaurar mi familia, pero confío en ti cuando no veo una manera. Me doy cuenta de que no tengo que saberlo todo porque tú sabes, y tú controlas el universo». Esa actitud de fe es lo que permite que Dios haga grandes cosas, que abra caminos donde no ves ninguno. El hecho es que Él tenía la solución antes que tú tuvieras el problema. Él podría mostrarte cómo se va a resolver. Él podría darte todos los detalles, pero si no lo hace, esa es una prueba. Él no quiere que lo sepas ahora mismo. ¿Puedes sentirte cómodo sin saberlo todo? ¿Vas a confiar en Él cuando no veas cómo hacerlo?

No pasa nada por no saber

Yo soy de ese tipo de personas que lo quiero saber todo. Me gusta tener un plan. Siempre estoy intentando averiguar las cosas. Cuando no veía una manera, solía estresarme. Me veía tentado a preocuparme, a vivir al límite. Es muy liberador cuando aprendes este principio de que hay algunas cosas que no debemos saber.

Está bien decir lo que dijo Moisés: «No sé cómo va a funcionar esto, pero tengo paz». Eso no es falta de fe; es todo lo contrario. Te estás quitando del trono y poniendo a Dios en él. Cuando intentamos averiguarlo todo, encontrar un plan y estamos pensando: *Ojalá consiga hacer que suceda esto. Quizá puedo manipular esta situación y convencer a esta persona para caerle bien,* estamos siendo Dios. Mientras seas tú quien está en el trono, Dios dará un paso atrás. Pero tienes que aprender a decir: «Dios, no veo cómo puede funcionar esto, pero no me voy a preocupar. No voy a emplear todo mi tiempo intentando arreglar algo que solo tú puedes arreglar. Confío en ti. Sé que tus planes para mí son buenos». Cuando estés cómodo incluso sin saberlo todo, Dios te llevará donde debas estar.

> *Eso no es falta de fe; es todo lo contrario. Te estás quitando del trono y poniendo a Dios en él.*

> *Cuando estés cómodo incluso sin saberlo todo, Dios te llevará donde debas estar.*

Cuando conseguimos el Compaq Center, la renovación nos iba a costar cien millones de dólares. Tuvimos que edificar nuestra propia planta de luz y sistema de aire acondicionado. Cuando veo los papeles, no hay forma en que hubiéramos podido conseguir los fondos en el periodo de tiempo planeado. Lo analizamos e hicimos proyectos, e incluso en el mejor de los casos nos faltaban millones. Cada día me veía tentado a preocuparme. Cada día, mi mente me decía: *¿Qué vas a hacer? No va a salir bien.* Ya teníamos firmado el préstamo y habíamos comenzado la construcción. Justo antes de mudarnos, teníamos planeado hacer un gran pago de millones de dólares. No lo teníamos, y no había indicio alguno de que pudiéramos conseguirlo. Cuanto más se acercaba la fecha, más presión sentía yo.

Cuando era tentado a estresarme, siempre regresaba al hecho de que sabía que Dios nos había dado ese edificio. Decía: «Dios, he visto cómo hacías que miembros de la junta pública cambiaran de idea para votar a favor nuestro cuando estaban en contra nuestra. Sé que fue tu favor lo que abrió esa puerta, y sé que no nos traerías hasta aquí para dejarnos tirados. No veo cómo puede suceder, pero estoy tranquilo, aunque no sepa cómo, porque sé que sigues estando en el trono». Dos semanas antes de que llegara la fecha del gran pago, de manera inesperada tuvimos la oportunidad de vender una propiedad. Nos dijeron que se vendería por un precio, pero se vendió casi por el doble. Fue la mano de Dios moviéndose en el momento justo, abriendo un camino donde no lo había.

Tal vez hay algunas cosas en tu vida que no entiendes, que no puedes resolver, y para las que no ves respuesta. No pasa nada. No tienes que verlo. No te desanimes, y no empieces a quejarte. Dios está trabajando entre bambalinas. Él está a punto de hacer que sucedan cosas que no viste llegar. Va a ser algo extraordinario e inusual. Vas a saber que es la bondad de Dios. Moisés no tenía todas las respuestas. Él no sabía cómo iban a hacerlo los israelitas por el desierto, pero Dios les dio maná para comer cada mañana, una especie de pan que aparecía en el suelo. Él sacó agua de una roca: inusual, poco común. Él los guio con una nube durante el día y un pilar de fuego durante la noche. Él derribó los muros de Jericó, no haciéndoles luchar, no por su propio esfuerzo, sino simplemente haciendo que los israelitas marcharan alrededor de los muros. Experimentaron una protección sobrenatural y una provisión sobrenatural. Que no tengas la respuesta no significa que Dios no vaya a intervenir y a hacer cosas asombrosas.

> *Que no tengas la respuesta no significa que Dios no vaya a intervenir y a hacer cosas asombrosas.*

Tu fe será probada

Mi desafío es que confíes en Él cuando no entiendas algo, que estés cómodo, aunque no lo sepas todo. El escritor de Proverbios dice: «Confía en el Señor de todo tu corazón, y no te apoyes en tu propia prudencia». Entiende esto bien, pero hay veces en las que tienes que desconectar tu mente. No intentes descifrarlo todo. Usa el sentido común y sé sabio, pero cuando comiences a frustrarte porque no encuentras una solución, cuando te veas tentado a preocuparte, es una señal de que Dios no quiere que lo sepas.

Mi padre pastoreó Lakewood durante cuarenta años. No formó a un sucesor como hacen muchas iglesias. No nombró un comité para buscar al siguiente pastor. En el fondo de su corazón, creo que él sabía lo que iba a ocurrir. Él siempre quiso que nuestra familia se hiciera cargo, pero no se realizó ningún procedimiento formal. Cuando tenía unos setenta años, las personas le preguntaban quién iba a ser su relevo en Lakewood, qué iba a suceder cuando él falleciera. Él siempre les decía: «No sé lo que va a ocurrir, pero sé que Dios no dejará que esto se venga abajo». Le decía a la gente: «No es mi iglesia; es la iglesia de Dios». A mí me gusta tener estructura y planificación, pero los caminos de Dios no son siempre los nuestros. Dios no lo hace del mismo modo cada vez. A veces, Dios no quiere que tú lo sepas. Es una prueba de tu fe. ¿Vas a confiar en Él, o vas a vivir preocupado, estresado, preguntándote cómo va a funcionar?

Cuando mi padre murió, yo solo había ministrado una vez, que fue la semana antes de que muriera. Pero, cuando se fue a la presencia del Señor, supe que yo tenía que dar un paso al frente y pastorear la iglesia. Nunca antes había tenido ese deseo, pero de repente, Dios puso el deseo en mí. Si mi padre hubiera intentado hacerme pastor antes de morir, yo no lo habría hecho. Lo que ocurre de forma normal puede que no sea el plan de Dios para ti. Dios no le mostró a mi padre quién sería el siguiente pastor. Mi

> *Que Dios no te muestre el futuro no significa que no vaya a salir mejor de lo que podrías imaginar.*

padre podría haber vivido frustrado e intentado hacer que algo ocurriera, pero en cambio estaba tranquilo de no saberlo todo. Él sabía que Dios estaba en control; confió en su plan. Que Dios no te muestre el futuro no significa que no vaya a salir mejor de lo que podrías imaginar. Estoy seguro de que mi padre está mirando desde el cielo y diciendo: «Mira lo que ha hecho el Señor». Es más de lo que él jamás soñó.

Cuando estés cómodo sin saberlo todo, te ahorrará mucho estrés y preocupación. Si no puedes averiguarlo es porque Dios no quiere que lo averigües. Él no quiere que lo sepas ahora. Puedes analizar la situación, intentar razonarla, preocuparte durante seis meses, y nada cambiará. Es mucho mejor decir: «No tengo la respuesta, pero está bien porque sé que Dios sí la tiene».

"No sé, pero sé…"

El apóstol Pablo dice en Romanos 8: «No sabemos cómo orar». Aquí tenemos a un hombre que escribió casi la mitad de los libros del Nuevo Testamento, una de las mentes más brillantes de su tiempo, y sin embargo dice: «No sabemos». Estaba cómodo con lo que no sabía. No consideraba una falta de fe admitir: «No tengo todas las respuestas. No sé por qué orar en todo momento. Tengo incertidumbres, cosas que no entiendo, cosas que no estoy seguro de cómo van a salir». La razón por la que podía decir eso y no preocuparse o amargarse y preguntar: «Dios, ¿por qué me sucedió esto? ¿Por qué tarda tanto?», se encuentra dos versículos más adelante. Dice en el versículo 26 que «no lo sabemos», y después en el versículo 28 dice: «Y sabemos que a los que aman a Dios, todas las cosas les

> *La manera en que puedes decir «no sabemos» y no preocuparte es si sabes que todas las cosas ayudan para tu bien.*

ayudan a bien». La manera en que puedes decir «no sabemos» y no preocuparte es si sabes que todas las cosas ayudan para tu bien. «No sé cómo va a funcionar esto, pero sé quién está en el trono. Sé quién dirige mis pasos. Sé quién planificó mis días». ¿Estás frustrado por lo que no sabes, lo que no puedes averiguar, lo que no parece que vaya a funcionar? Consigue una nueva perspectiva. Incluso el apóstol Pablo dijo que no sabía. Está bien no tener todas las respuestas.

En Hechos 16, Pablo y Silas estaban en la cárcel. Habían estado compartiendo las buenas nuevas en la ciudad de Filipos, no habían hecho nada malo, pero la oposición arremetió contra ellos y pidió que los arrestaran, y luego los golpearon severamente con varas. Les pusieron en la parte más interna de la cárcel con los pies encadenados con grilletes. No sabían si volverían a salir de allí, si tendrían un juicio justo, o si los matarían como hicieron con el apóstol Santiago previamente a manos del rey Herodes en Jerusalén. Tenían todo tipo de preguntas para las que no tenían respuestas. Su situación estaba fuera de su control. Estoy seguro de que su mente les decía: *Esto no va a salir bien. Se han acabado nuestros mejores días.* Se podían haber enojado y preocupado, pero a medianoche, en lugar de quejarse se pusieron a cantar alabanzas y a dar gracias a Dios. Su actitud fue: *No sabemos cómo va a terminar esto, pero sabemos que Dios está en control. Las personas no pueden detener nuestro destino. Tener a Dios con nosotros es más que tener al mundo en contra nuestra.*

Mientras cantaban alabanzas, de repente hubo un gran terremoto, las puertas de la prisión se abrieron de par en par, y las cadenas se cayeron de sus pies. Salieron como hombres libres. Tal vez no sepas cómo puede terminar tu situación, las probabilidades te son contrarias, has repasado todas las opciones, te has puesto en todos los escenarios que se te han ocurrido, pero nada funciona. Podrías vivir preocupado y enojado. No, quédate quieto y conoce que Él es Dios. No tienes que ser Dios. No tienes que resolverlo tú. No tienes que encontrar tú la solución. Dios está en el trono. La razón por la que no puedes resolverlo es porque pensamos de modo natural, pero Dios es sobrenatural. Él está a punto de hacer que sucedan cosas que no son ordinarias, cosas que no podemos ver.

> Quédate quieto y conoce que Él es Dios. No tienes que ser Dios. No tienes que resolverlo tú.

Es muy poderoso cuando puedes decir: «No sé qué va a suceder con mi salud, pero sé que Dios está en el trono. No sé cómo se va a enderezar mi hijo, pero sé que Dios está peleando mis batallas. No sé de dónde vendrá el dinero, pero sé que los planes de Dios para mí son buenos, y lo que Él empezó en mi vida lo va a terminar». No tienes que saber el cómo mientras sepas quién está en control de tu vida. Es entonces cuando el Creador del universo abrirá puertas que tú no podías abrir, romperá cadenas que te han retenido, hará que se cumplan sueños que parecían imposibles. Cuando tú «no sabes», no vivas preocupado. Haz lo que hicieron Pablo y Silas y sigue dándole gracias a Dios porque Él está obrando, sigue declarando que la solución está de camino, mantén en tu corazón un canto de alabanza, sigue siendo bueno con la gente, sigue haciendo lo correcto. No permitas que lo que no sabes y lo que no puedes ver te impida liberar tu fe.

¿Qué vas a hacer?

Cuando enfrentamos un reto y no vemos una respuesta, muchas veces hay una voz que nos susurra constantemente: «¿Qué vas a hacer? ¿Qué vas a hacer?». Intenta presionarte, ponerte nervioso, preocuparte. Cuando entiendes que no necesitas tener la respuesta, que no es tu tarea averiguarlo, y te acostumbras a no saber, la presión desaparece. Si alguien te dice: «Me enteré de tu problema. ¿Qué vas a hacer?», tu respuesta debería ser: «No lo sé, pero conozco al que sí lo sabe». Está bien no saber. Tienes que estar cómodo con lo que no sabes. Tal vez no tengas una respuesta para preguntas sobre tu salud, tu matrimonio o tus finanzas. Has pensado en todas las opciones, has probado todo lo que se te ha ocurrido, pero no ves cómo puede funcionar. Déjalo estar. Deja de intentar averiguarlo. Dedica el mismo tiempo que normalmente emplearías pensando en ello, preocupándote y dándole vueltas, y empieza a usarlo para darle gracias a Dios por estar obrando. Dale gracias por estar enderezando los lugares torcidos. Dale gracias porque todo está ayudando para tu bien. No fuiste creado para vivir presionado y preocupado. A veces, nos echamos

> *Dedica el mismo tiempo que normalmente emplearías pensando en ello, preocupándote y dándole vueltas, y empieza a usarlo para darle gracias a Dios por estar obrando.*

todo eso encima al intentar cambiar cosas que no podemos controlar, al intentar averiguar algo que Dios no quiere que averigüemos. Conozco a un hombre que estuvo en una batalla legal por más de diez años que involucraba al gobierno y a otras partes. Había hecho algo en su negocio que no pensaba que estaba mal, pero esas otras personas lo habían acusado de ser deshonesto. Si la decisión no se fallaba a su favor, perdería su libertad. Su caso avanzaba muy despacio. Durante años, cuando no estaba en su trabajo estaba trabajando en su caso con su equipo, imaginándose todos los resultados posibles. No veían cómo resolverlo a su favor. Después de cinco años de vivir preocupado, estresado, sin disfrutar de su familia, con el caso sobre su cabeza, finalmente hizo lo que te estoy pidiendo hacer a ti. Dijo: «Dios, no veo una respuesta. No hay una solución lógica, pero ya no voy a preocuparme más. Voy a dejar de intentar resolverlo. Te lo entrego a ti».

Este hombre cambió su enfoque. Se bajó del trono y puso de nuevo a Dios en el trono. En lugar de preocuparse, comenzó a darle gracias a Dios porque Él estaba peleando sus batallas, dándole gracias porque lo que se hizo con intención de dañarlo, Él lo estaba cambiando a favor suyo. Pasaron otros cinco años, y de la nada, la otra parte abandonó la demanda. Retiraron todas sus querellas contra él. Él dijo: «Nunca me imaginé que pudiera pasar eso. No era una opción. Tan solo esperaba poder ganar en juicio, que Dios me daría favor con las autoridades». Pero los caminos de Dios son mejores que los nuestros. Lo que Él tiene en mente es mucho mejor que lo que nosotros tenemos en mente.

> *Los caminos de Dios son mejores que los nuestros. Lo que Él tiene en mente es mucho mejor que lo que nosotros tenemos en mente.*

No te desanimes por lo que no ves o por lo que no puedes resolver. No sabes lo que Dios está planeando. Él te va a sorprender. Se van a abrir puertas que nunca soñaste que se pudieran abrir. Como le ocurrió a este hombre, los problemas de repente se resuelven a tu favor. El diagnóstico médico dice que no hay remedio, pero Dios consigue un remedio. No veías cómo podrías salir de la deuda, pero llega una gran bendición, un ascenso, un contrato, algo que te lanza a otro nivel. Va a ser algo fuera de lo común, y por eso no lo puedes resolver. Por eso no encontrabas una respuesta. Dios va a hacerlo de una manera sobrenatural. Vas a ver la supereminente grandeza de su favor, algo que no esperabas.

Confiar cuando no lo entiendas

En las Escrituras, Dios le dijo a Abraham que dejara su país y llevara a su familia a una tierra que Él le mostraría. Es interesante que Dios no le dijo dónde. Me le imagino diciéndole a su esposa Sara que se iban a mudar. Ella le dice: «¡Estupendo! Qué emoción. ¿Adónde vamos?». Él responde: «No lo sé». «¿Qué tipo de clima hace allí?». «No lo sé». Abraham nunca se habría convertido en el padre de nuestra fe si no hubiera estado cómodo con el hecho de no saber.

Cuando estudias a los héroes de la fe, te das cuenta de la frecuencia con la que dijeron: «No lo sé». David dijo: «No sé cómo voy a derrotar a este gigante. Me dobla en estatura, pero sé que Dios está de mi lado». Ester dijo: «No sé si el rey me aceptará sin tener una invitación, pero voy a dar este paso de fe, creyendo que Dios me ha escogido para salvar a mi nación». José, abandonado por sus hermanos para que muriera y sentado en una cisterna, dijo: «No sé cómo voy a dirigir una nación como Dios me mostró en

> *La manera en que mantuvieron su fe fue sabiendo que todo iba a ayudar para su bien.*

los sueños, pero confío en su plan». La manera en que mantuvieron su fe fue sabiendo que todo iba a ayudar para su bien. Incluso cuando no tenían respuestas, confiaron en que Dios estaba en control.

Dios le dio a Abraham la promesa de que él y Sara tendrían un bebé cuando eran demasiado ancianos. Pasaron los años sin señal alguna del niño. Todas las circunstancias decían que era imposible, pero Abraham entendió este principio. Realmente, dijo: «No sabemos cómo puede suceder, y no hay manera en lo natural, pero confiamos en ti, Dios. Creemos que lo que has prometido sucederá». Sara tuvo el bebé cuando tenía noventa años. Dios hizo lo que nunca soñaron que se podría hacer.

Cuando ese bebé, Isaac, creció y se hizo un jovencito, Dios le dijo a Abraham que lo llevara a un monte y lo sacrificara. Viajaron durante tres días y finalmente llegaron. Isaac dijo: «Papá, tenemos la leña y tenemos el fuego, pero ¿dónde está el cordero para el sacrificio?». Abraham dijo: «Dios proveerá». No tenía sentido que Dios le diera un hijo a Abraham, el hijo por el que tanto habían esperado, y ahora le estuviera diciendo que le quitara la vida. Abraham no lo entendía, sin duda estaba confundido e inseguro, pero su actitud fue: *Dios, no sé lo que estás haciendo, pero confío en ti.*

Esa es una clave para la fe: confiar cuando no entiendes, confiar cuando no tengas las respuestas, confiar cuando parezca que es justo lo contrario de lo que esperabas. Es entonces cuando es fácil vivir preocupado y frustrado, pensando que nunca va a funcionar. *No sé cómo puede ocurrir.* No saber es una prueba. Lo que haces cuando no sabes, cuando parece imposible, determinará lo que Dios haga. Abraham estaba a punto de sacrificar a su hijo cuando el ángel del Señor lo llamó y lo detuvo. Abraham alzó su mirada y vio un carnero atrapado en un arbusto. Los carneros, por lo general, no acuden a las zonas altas de las montañas. Abraham tomó el carnero y lo sacrificó. Llamó a ese lugar Jehová Jiré, que significa «el Señor nuestro proveedor».

Cuando pasas la prueba de no saber, Dios tiene provisión para ti, cosas que tú mismo no podrías hacer que ocurran. Tal vez estás donde Abraham estaba. Dios te prometió algo hace mucho tiempo, y parece que ya es demasiado tarde. No ves cómo podrías tener ese bebé, cómo podrías recuperarte, cómo conseguir tu sueño. Mantente en fe. No tienes que tener todas las respuestas. No ver la manera de hacer algo no significa que Dios no vaya a hacerlo. Lo que Él ha declarado sobre tu vida aún está de camino. Como ese carnero que estaba en lo alto de la montaña, Dios tiene una provisión de camino hacia ti, algo que normalmente no sucedería, algo extraordinario: favor, sanidad, personas correctas, oportunidades.

> *Cuando pasas la prueba de no saber, Dios tiene provisión para ti, cosas que tú mismo no podrías hacer que ocurran.*

Como confías en Él cuando no entiendes, como estás tranquilo, aunque no lo sabes todo, Dios va a hacer cosas en tu vida que no puedes explicar. Podría ser un ascenso que no pediste, tener un bebé cuando te dijeron que no era posible, recuperarte cuando los médicos dijeron que estabas acabado, ver a tu familia restaurada, o comenzar un negocio. ¿Qué fue eso? El carnero en el arbusto. Cuando obedeces sin los detalles, cuando te mantienes en fe cuando no tienes las respuestas, cuando crees a pesar de que tu mente te dice que no hay manera, como ocurrió con Abraham, Dios intervendrá en tu vida. Él hará que desafíes todas las probabilidades y vayas a lugares donde no podrías ir por ti mismo.

Te pido que estés cómodo cuando no sepas algo. Deja de preocuparte por lo que no puedes resolver. Dios te tiene en la palma de su mano. Habrá momentos en los que digas «No lo sé», pero no te detengas ahí. Continúa dos versículos más y ponte de acuerdo con el apóstol Pablo y di: «Sé que todas las cosas están ayudando para mi bien». Si haces eso, creo y declaro que vas a ver una provisión sobrenatural, protección, sanidad y restauración. Estarás más feliz, y serás más libre para cumplir lo que Dios ha planeado para ti. Dios no solo hará que se cumplan promesas, no solo le dará la vuelta a ese problema, sino que al final estarás mejor de lo que habías imaginado.

CAPÍTULO 12

Gana la batalla interior

**No sigas cediendo a las mismas cosas que
sabes que te están reteniendo.**

Hay una batalla que se está librando dentro de cada uno de nosotros. Es una batalla entre la carne y el Espíritu. La carne representa nuestra naturaleza carnal, y se muestra en forma de celos, orgullo y transigencia. Es la manera fácil de vivir. No tienes que ser disciplinado, sino tan solo hacer lo que tengas ganas de hacer. Si alguien es maleducado contigo, tú respondes de la misma manera. Si no tienes ganas de tener una buena actitud, pasas el día amargado. Cuando ves el pastel de crema de coco en la encimera de la cocina, no lo piensas dos veces y te comes un cuarto pedazo. La carne quiere gobernar; quiere tener el control. En Romanos 8, el apóstol Pablo lo describe: «Los que viven conforme a la carne». Observa que describe la carne como si fuera un dictador. ¿Qué hacen los dictadores? Toman todas las decisiones por ti. Te dicen qué hacer y cuándo hacerlo. Tú tan solo cumples órdenes. Si estás en un atasco de tráfico, la carne te dice: «Enójate. Esto está arruinando tu día». Muchas personas siguen lo que les dicta la carne como buenos soldados y dicen: «Sí, señor. Enseguida». Se enojan, y eso les amarga el día. Cuando llegan a la oficina y un compañero de trabajo los deja fuera de la reunión, y la carne dice: «Oféndete. Esto no está bien». Y pasan el día ofendidos, cargando con un gran rencor.

El problema es que, si sigues cediendo a la carne, Pablo continúa diciendo: «Morirás». No se refiere a morir físicamente, sino que tus sueños morirán, tus relaciones no se desarrollarán, y tus dones no saldrán como debieran. ¿Cuál es el problema? Estás dejando que la carne gane la batalla. Siempre que seas tentado a transigir, a ser perezoso o a ceder a la tentación, hay otra opción: andar en el Espíritu. Eso significa hacer lo correcto cuando es difícil. Te muerdes la lengua cuando alguien no es amable contigo. Te mantienes fiel en tu relación cuando alguien está intentando seducirte.

> *Siempre que seas tentado a transigir, a ser perezoso o a ceder a la tentación, hay otra opción: andar en el Espíritu.*

Lo que limita a algunas personas no es que no tengan talento o que no tengan el favor de Dios. Es que siguen sembrando para la carne. No sigas cediendo a las mismas cosas que sabes que te están reteniendo. La próxima vez que seas tentado a tener celos, a encontrar la falta en otros o a criticar, dile a tu carne: «No, no lo voy a hacer. Me voy a alegrar por ellos. Voy a ver lo mejor de las personas». Cuando tengas ganas de quedarte despierto y jugar en la computadora toda la noche, dile a tu carne: «Esta noche no. Me voy a la cama. Voy a cuidar de mí mismo». La próxima vez que los amigos que te están llevando por el mal camino quieran juntarse contigo, diles: «Lo siento, me surgió algo. No puedo salir esta noche». Deja de permitir que la carne sea un dictador. Tienes que tomar las riendas de tu vida. La carne no te está llevando a ningún lugar productivo.

Destrona la carne

Pablo señala en Gálatas 5: «El deseo de la carne es contra el Espíritu, y el del Espíritu es contra la carne; y estos se oponen entre sí constantemente. Sus decisiones nunca estarán libres de este conflicto». No quiero deprimirte, pero esta batalla nunca terminará. Puedes ser creyente desde hace cincuenta años, has crecido y has madurado, pero aún tendrás que lidiar con la carne. No la vences una vez y se va para siempre. Regresará. Esto es algo que tenemos que dominar haciéndolo una y otra vez. «No, no voy a hacer lo que mi carne dice que quiere. No, no voy a morder el anzuelo y ofenderme por la persona que me ofendió. No voy a bajar la guardia y a ser deshonesto en este trato en los negocios». ¿Estás ganando la batalla interior? ¿Estás viviendo por el Espíritu, tomando decisiones que honren a Dios, o estás dejando que gane la carne, haciendo todo lo que tienes ganas de hacer? Tienes que quitar a la carne del trono. Deja de permitir que ella determine tus decisiones.

> *¿Estás viviendo por el Espíritu, tomando decisiones que honren a Dios, o estás dejando que gane la carne, haciendo todo lo que tienes ganas de hacer?*

En países gobernados por un dictador, hemos visto que la persona al mando oprime al pueblo, apretándolo. No hay democracia, y como no pueden votar para que se vaya, y debido a que él no cambiará, la gente a menudo tiene que adoptar medios drásticos, alzándose y derrocando al dictador. Tienen que sacarlo a la fuerza. Es la única manera de poder ser libres. Ocurre lo mismo con la carne. Quiere seguir con el control de tu vida, diciéndote qué hacer y dónde ir. La única manera de quitarla del trono es sacándola a la fuerza. No va a ser fácil. Cuando alguien te ofende y decides perdonar, la carne se enojará. «¡¿Qué haces?! Devuélvesela. Véngate. Eso no estuvo bien». Tienes que dar un pisotón y decir: «Lo siento, pero tú ya no me controlas. Te he quitado del trono. Has perdido tu autoridad. Ahora ando en el Espíritu y no en la carne». Es tiempo de destronar a la carne. Deja de permitir que dicte cómo vives, cómo respondes, cómo manejas la adversidad. Comienza a sembrar para el Espíritu. Comienza a hacer las cosas bien, lo que es correcto hacer incluso cuando es difícil. Es entonces cuando se produce el crecimiento, y es así como Dios puede confiarte más cosas. Es muy vacío vivir según lo que sientes, cediendo a los deseos carnales. Eso te impedirá alcanzar la grandeza que Dios puso en ti.

Las Escrituras dicen: «Ninguna disciplina en el momento parece agradable, pero después recogerás una cosecha de cosas buenas». Ser disciplinado no es fácil. Alejarte cuando alguien es maleducado contigo, no ceder a la tentación, y levantarte temprano para mejorar en el trabajo son cosas difíciles. Tu carne quiere estar cómoda, tu carne quiere la salida fácil, pero no puedes estar cómodo todo el tiempo y llegar a tu destino. Si haces lo difícil ahora, después verás bendiciones y favor como nunca antes. Pero la carne siempre quiere la gratificación instantánea. «Si reprendo a esta persona, me sentiré bien ahora mismo. Si me compro esto que no me puedo permitir aún, o si me quedo un rato más durmiendo y llego tarde al trabajo, me

> *Tu carne quiere la salida fácil, pero no puedes estar cómodo todo el tiempo y llegar a tu destino.*

sentiré bien en este momento». Pero es importante pensar en el después. Deberíamos estar creciendo, siendo más fuertes, deberíamos estar más lejos ahora de lo que estábamos hace cinco años. Si aún lidio con mi mal humor como lo hacía años atrás, estoy dejando que la carne siga en el trono. Si aún me ofendo, me enojo y me pongo celoso como solía hacer hace años, estoy dejando que la carne dicte mi vida. No estoy diciendo que tenemos que ser perfectos, pero sí que deberíamos estar creciendo.

Es una batalla diaria

Cuando Victoria y yo estábamos recién casados e íbamos a ir a algún lugar, le preguntaba si estaba preparada. Ella decía: «Sí, estoy lista». Así que me subía al automóvil y esperaba. Y esperaba, y esperaba, y esperaba. Y ella nunca llegaba. Yo me estresaba, volvía a entrar en la casa, y decía: «Pensé que dijiste que estabas preparada». Ella respondía: «Estoy preparada». Yo decía: «Bien, ¿te importaría venir al automóvil?». No me gustaba esperar. Solía orar diciendo: «Dios, tienes que cambiarla. Ayúdale a ser más rápida». Pero lo chistoso es que Dios nunca la cambió, sino que la usó para cambiarme a mí. Dios no elimina todo lo que te resulta incómodo. Si lo hiciera, nunca creceríamos. En lugar de orar para que Dios cambie a la otra persona, he aprendido a orar así: «Dios, cámbiame. Ayúdame a ser mejor. Ayúdame a ser más paciente. Ayúdame a tener paz».

Incluso ahora, cuando me encuentro en un atasco de circulación o en una larga fila en el aeropuerto, esa impaciencia sigue queriendo regresar al trono. Aún intenta dictar mi vida. No ganarás la batalla interior una vez, y se habrá acabado todo. Estas

> No ganarás la batalla interior una vez, y se habrá acabado todo.

fuerzas se oponen constantemente entre sí. Por eso, el apóstol Pablo dijo a los corintios: «Cada día muero». Ahora bien, Pablo es uno de los héroes de la fe, uno de los líderes más importantes e influyentes de la iglesia primitiva, el escritor más prolífico del Nuevo Testamento. Uno pensaría que era tan poderoso y maduro que no tendría que lidiar con estos asuntos, pero él dijo: «Cada día tengo que quitar a mi carne del trono. Cada día tengo que lidiar con deseos carnales».

Tras un par de años de ser impaciente, de dejar que las cosas me frustraran, probé una táctica diferente. Cando Victoria decía que estaba preparada, yo lo entendía como el aviso de dos minutos antes de terminar un partido de fútbol americano. El reloj dice dos minutos, pero sabes que, con los tiempos muertos, las repeticiones y los anuncios, serán veinte minutos. Ahora, cuando dice que está preparada me siento, o me preparo un sándwich, o hago ejercicio, o voy a la compra, o corto el césped. Cambié mi respuesta. Muchas de las cosas que nos frustran son realmente oportunidades para crecer. Tienes que bajar a la carne del trono. No respondas del mismo modo que respondiste los últimos veinte años. Si sigues siendo impaciente, infeliz, y discutes con tu cónyuge una y otra vez, comienza a morir cada día. Como Pablo, todos tenemos áreas en las que estamos dejando que la carne dicte. Cuando empezamos a andar en el Espíritu, a estar dispuestos a estar incómodos, a mantener la boca cerrada, a esperar con una buena actitud, es cuando comenzamos a crecer. Es entonces cuando Dios puede entregarte más influencia, más favor, más recursos. Sé que hay muchas batallas afuera, pero mi pregunta hoy es esta: ¿Estás ganando la batalla interior? ¿Estás andando en el Espíritu y no en la carne?

Despójate del viejo hombre

Cuando entregaste tu vida a Cristo, cuando naciste de nuevo, las Escrituras dicen que «eres una nueva criatura; las cosas viejas pasaron». Me encantaría decirte que eso significa que ya nunca más volverás a tener deseos carnales, que no querrás nunca más ser celoso, o desagradable, o quejarte. No, el viejo hombre puede que haya muerto, pero he aprendido un secreto. A veces resucita. Lázaro no fue el único que regresó a la vida. Tu vieja naturaleza resucitará de la muerte. Efesios 4 dice: «Despójate del viejo hombre y vístete del nuevo». Aunque eres una nueva criatura, tienes que desvestirte del viejo hombre. Cada día, ese viejo hombre intenta levantarse y gobernar tu vida.

> *Lázaro no fue el único que regresó a la vida. Tu vieja naturaleza resucitará de la muerte.*

Vemos esto en Pedro. Era un discípulo fiel, fuerte y comprometido. Jesús dijo: «Tú eres Pedro, y sobre esta roca edificaré mi iglesia». Dios tenía mucha confianza en Pedro. Cuando los soldados llegaron para arrestar a Jesús, Pedro estaba tan determinado a defender a Jesús que sacó su espada y le cortó la oreja al siervo del sumo sacerdote. Pero tan solo unas horas después, cuando Jesús fue llevado a la casa del sumo sacerdote para ser juzgado, Pedro negó conocer a Jesús ante dos mujeres. Después, cuando otros se juntaron y dijeron: «Tú también eres uno de sus discípulos», Pedro se enojó y comenzó a maldecir. «¡De qué están hablando! No conozco a ese hombre». Al igual que Pedro, todos tenemos el viejo hombre y el nuevo hombre en nuestro interior. Por eso, las Escrituras dicen que nos despojemos del viejo hombre, del orgullo, de la amargura, de la transigencia, y que nos vistamos del nuevo hombre.

«Joel, lo estoy intentando, pero no puedo controlar mi forma de ser. No puedo romper esta adicción. No puedo mantener mi mirada en las cosas correctas». Deja de decirte eso a ti mismo. Tu viejo hombre no es tan fuerte. La razón por la que te controla es porque lo sigues alimentando. Todo aquello que alimentes crecerá. Cada vez que cedes a esa tentación, lo estás alimentando y se va haciendo más fuerte. Cada vez que te ofendes, te impacientas, o dices cosas que no deberías, estás alimentando lo negativo. Hazte un favor a ti mismo y deja de alimentar a ese viejo hombre. Si comienzas a matar de hambre la amargura, a matar de hambre los celos y a matar de hambre la transigencia, cada vez se harán más y más débiles. Ese deseo puede que no se vaya totalmente. Dios quizá no lo elimina del todo. Es ahí cuando comienza la disciplina. Es entonces cuando su gracia aparece. No uses la excusa que dice: «Lo intenté, y nada ha cambiado». Tienes poder para vencer. Cada vez que resistes la tentación y cada vez que tomas una mejor decisión, te vas haciendo más fuerte, y más fácil te resultará. No dejes que ese viejo hombre se levante. Yo sigo lidiando con la impaciencia. Ese viejo hombre ha estado intentando levantarse durante cuarenta años. Lo enterré, le hice un funeral, pensaba que se había terminado, pero habrás oído hablar de los muertos vivientes. A veces se levanta.

Esto es lo que he aprendido. Todo aquello que derrotes fácilmente no es tu verdadero enemigo. No tienes que preocuparte por lo que hayas vencido en poco tiempo. Tu verdadero enemigo no se va de la noche a la mañana. Yo no tengo tentaciones de ser

> *Si comienzas a matar de hambre la amargura, a matar de hambre los celos y a matar de hambre la transigencia, cada vez se harán más y más débiles.*

deshonesto, de maldecir o de consumir drogas; por la gracia de Dios, esas cosas no son nada para mí. Pero ser impaciente es otra historia. David derrotó a Goliat en pocos minutos. Ese no era su verdadero enemigo. El rey Saúl intentó matar a David durante muchos años. Le arrojó una lanza a David en el palacio y lo persiguió por el desierto. Dios podría haber librado a David de Saúl en un momento, como hizo con Goliat. Pudo haberse ocupado de Saúl en una tarde. Saúl no era un gran problema. Pero Dios no elimina a algunos enemigos, algunas tentaciones, algunos deseos. Puede que no se vayan. Si Dios no lo elimina, significa que su gracia y su poder están ahí para ayudarte a ser fuerte y lidiar con ello.

Dios no lo hubiera permitido si impidiera que alcanzaras tu destino. Pídele que te ayude. Pídele su fuerza. Cuando admites tu dependencia de Él, te humillas y dices: «Dios, no puedo hacerlo yo solo. No puedo derrotar a este gigante. No se va», entonces Dios acudirá y te ayudará a vencer lo que te está reteniendo. Tienes el poder de mantener en el suelo al viejo hombre. No dejes que te impida alcanzar tu grandeza. No dejes que la carne se quede en el trono. La fuerza que hay en ti es mayor que cualquier fuerza que esté intentando detenerte. Empieza a vestirte del nuevo hombre. «Padre, gracias porque soy fuerte, soy disciplinado, estoy ungido, estoy favorecido, y tomo decisiones que te honran».

> *Tienes el poder de mantener en el suelo al viejo hombre.*

Vístete del nuevo yo

En el capítulo 6 describí detalladamente cómo un hombre llamado Nabal insultó y ofendió profundamente a David, y cómo

David y sus hombres habrían matado a todos los varones de la casa de Nabal de no haber sido por la esposa de Nabal, Abigail, que intervino e impidió que David llevara a cabo la venganza. Abigail describió a su esposo como un necio. Las Escrituras dicen que era rudo, severo, malhumorado, terco, deshonesto, desagradecido, irrespetuoso, y que pasaba la mayor parte de su vida borracho.

Es interesante que Abigail era todo lo contrario a su esposo. No solo era hermosa físicamente y espiritualmente, sino que también era muy sabia. Cuando ella y sus siervos recibieron a David y su ejército con una gran provisión de alimentos y vino, se postró humildemente y se disculpó por la ofensa de Nabal. Con ese gesto tranquilizó a David e impidió que cometiera un error que habría influido negativamente en su destino. David le dio las gracias, se dio media vuelta y regresó a su casa. Diez días después, Nabal sufrió un infarto cerebral y murió. David le hizo llegar un mensaje a Abigail en el que le pedía que se convirtiera en su esposa. Ahora que el viejo hombre había muerto, ella podía recibir al nuevo hombre.

Nabal es simbólico de nuestra vieja naturaleza: malhumorada, ruda, desagradecida, atascada en adicciones. Incluso el mismo nombre, *Nabal,* significa «necio». Mientras el viejo hombre está vivo en nosotros, nunca conoceremos al nuevo hombre. El viejo hombre se puede ver en la amargura, las malas actitudes y las transigencias. Comienza a matar de hambre al viejo hombre. Tu destino es demasiado grande, tu tarea es demasiado importante, como para dejar que los mismos problemas te impidan ver al nuevo hombre. Es interesante que Nabal murió diez días después de que Abigail hiciera lo correcto. Habrá esos tiempos en los que ahondes en tu interior y hagas lo correcto cuando es difícil hacerlo, y llegarás a tu décimo día y algo sucederá de repente. Esa adicción no tendrá poder sobre ti. Esa mala actitud y mal genio quizá no se hayan ido del todo, pero ya no te controlan.

Me pregunto cuánto más alto llegaríamos si empezáramos a despojarnos del viejo hombre. ¿Cuánto más favor de Dios veríamos si comenzáramos a decir no a las cosas que nos retienen? A veces, algo pequeño nos impide tener grandes bendiciones. Tal vez sea un poco de orgullo o un poco de transigencia. «Sigo teniendo este amigo con el que suelo salir de fiesta. Cedo ante una sola tentación. Solamente hay una persona a la que no perdonaré». No, es momento de deshacerse de Nabal.

> *¿Cuánto más favor de Dios veríamos si comenzáramos a decir no a las cosas que nos retienen?*

A nadie le cae bien. Nadie quiere estar con él. Despójate del viejo hombre y vístete de tu nuevo yo: ese yo libre, ese yo bendecido, ese yo contento, ese yo victorioso.

Sé Israel, no Jacob

En las Escrituras, a Jacob se le conocía por ser deshonesto, por engañar a las personas. Su nombre significa «engañador, estafador, timador». Él vivía haciendo honor a su nombre. Engañó a su padre para recibir la bendición de la familia en lugar de que se la diera a su hermano primogénito, Esaú, e iba por ahí engañando a la gente. Tras vivir así por muchos años, decidió regresar a la casa de su padre y hacer frente a sus errores. De camino, una noche se retiró a un arroyo a solas. Estoy seguro de que estaba meditando en su vida. Fue ahí donde tuvo un encuentro con Dios, y Dios cambió su nombre de Jacob a Israel. Su nuevo nombre significa «príncipe con Dios», y su viejo nombre significaba «engañador». Pasó el resto de su vida lidiando con estos dos nombres. A partir de aquí, uno pensaría que las Escrituras solo hacen referencia a él por su nuevo nombre: Israel. A fin de cuentas, Dios le cambió el nombre. Fue un momento importante. Tuvo un nuevo comienzo. Pero las Escrituras lo llaman unas veces Jacob y otras Israel. En un momento es Jacob, y unos versículos más adelante es Israel. Dios nos estaba mostrando que el viejo hombre, los deseos carnales, no se irán del todo. La clave para vivir en victoria es responder como Israel, no como Jacob. Hay un Jacob en todos nosotros. Hay cosas que nos pueden retener. La buena noticia es que hay un Israel en todos nosotros. Hay un príncipe en ti. Hay en ti alguien santo, justo y favorecido que va a cambiar el mundo.

> *Hay un príncipe en ti. Hay en ti alguien santo, justo y favorecido que va a cambiar el mundo.*

Permíteme advertirte que, aunque Israel está ahí, aunque Dios ha cambiado tu nombre, Jacob intentará resurgir. Esos deseos carnales puede que estén muertos, pero las personas harán cosas que despertarán al Jacob que hay en ti. Irás manejando al trabajo, cantando alabanzas, disfrutando del día, e Israel se siente bien. Pero alguien se cruza en tu carril, y de la nada, aparece Jacob. Dejas de alabar, y empiezas a decir otras cosas. Piensas: *¿De dónde apareciste, Jacob?* Jacob sonríe y dice: «Yo también estoy aquí. Puede que esté muerto, pero me pueden despertar». Jacob quiere quejarse; Israel quiere alabar. ¿Quién ganará la batalla? Jacob quiere tener resentimiento y dice: «Te han ofendido. No les hables». Israel quiere perdonar y dice: «Suéltalo. Avanza en fe». Jacob quiere discutir, mostrarse altivo y decir cosas hirientes. Israel quiere ser amable, pasar por alto la ofensa, y tener paz en sus relaciones. Jacob quiere otra galleta de azúcar, recubierta de chocolate y con caramelitos de colores por encima. Israel dice: «No, doce han sido suficientes».

Te estoy pidiendo que seas Israel, no Jacob. Ambos están en nosotros. Dios cambió tu nombre, pero no se deshizo de Jacob.

Al final de la vida de Jacob, cuando estaba a punto de morir, las Escrituras dicen: «Cuando a Jacob se le dijo: "Tu hijo José ha venido a ti", Israel juntó fuerzas y se sentó en la cama». Comenzó como Jacob (cansado, débil, pensando que estaba

> *Jacob quiere otra galleta de azúcar, recubierta de chocolate y con caramelitos de colores por encima. Israel dice: «No, doce han sido suficientes».*

acabado), pero entonces algo cambió. Pensó: *José, mi hijo que creía que había muerto, el que estuve esperando, está aquí. No voy a morir aún.* Israel se sentó. El príncipe en él revivió.

Cuando despiertas en la mañana, tienes que escoger: «¿Hoy voy a ser Jacob? ¿Me voy a quejar, no voy a querer ir a trabajar, me enojaré en el tráfico y permitiré que las personas me pongan nervioso todo el día?». ¿O vas a ser Israel? «Señor, gracias por este nuevo día que has hecho. Estoy agradecido de estar vivo. Gracias por el regalo de este día». Cuando las cosas no salgan como esperas, cuando tengas retrasos, decepciones y personas que te ofendan, ¿vas a ser Jacob? ¿Te vas a enojar, a ofender, a intentar darles de la misma medicina, o vas a ser Israel? «Padre, tú eres mi vindicador. Tú estás en el trono. Voy a retener mi paz, sabiendo que tú peleas mis batallas». Con tu familia, ¿vas a ser Jacob: crítico, duro y contencioso? ¿O vas a ser Israel: amable, tierno y a tratarles con respeto y honor? Tanto el viejo hombre como el nuevo están en ti, la carne en conflicto con el Espíritu, Jacob e Israel. Llegarás mucho más lejos en la vida si empiezas a ser Israel. Mantén a la carne fuera del trono. No dejes que ese viejo hombre se levante. Déjalo enterrado.

Que gobierne el Espíritu

Recientemente estaba en mi automóvil haciendo fila para pedir comida, pensando en mis propias cosas. Todo. iba bien. Llevaba unos diez minutos esperando, y llegué hasta el micrófono donde me disponía a hacer mi pedido, pero no había ventana a través de la que poder ver a las personas que están dentro del edificio atendiendo. Mientras bajaba la ventanilla del automóvil, escuché la voz de un hombre por el altavoz, y con un tono malhumorado dijo: «Señor, ¡hay otras personas esperando! Si no va a pedir nada, tiene que salir de la fila». Yo acababa de detenerme, no habían pasado ni dos segundos. De la nada, apareció Jacob. Me sorprendí, y dije: «¿Cómo llegaste aquí tan rápido?». Él respondió: «Yo también vivo aquí». Entonces, Jacob me dio algunas ideas de lo que decirle al dependiente grosero... a ese hombre. Dije: «Jacob, creía que estabas muerto». Y él respondió: «Lo estaba, pero he venido para esta ocasión». En ese momento, tuve que tomar una decisión: ¿Iba a ser Israel, el pastor con una sonrisa, o iba a ser Jacob e intentar nivelar las cosas? Hice lo que te estoy pidiendo a ti que hagas. Pensé: *Voy a ser Israel.* Así que dije educadamente: «Sin problema. Esto es lo que quiero». Después de pedirlo, le di las gracias y dije: «Que Dios le bendiga. Que tenga un buen día. Espero que sus hijos estén bien, y dígales a sus abuelos que les mando saludos». Cuando llegué a la ventanilla, todos sus compañeros de trabajo estaban reunidos a su alrededor, mirándome. Dijo: «Lo reconocí por su voz, pastor Joel». Me dieron ganas de decir: «Sí, soy yo, Israel».

Cada día tienes que tomar la decisión: «¿Soy Jacob, o soy Israel? ¿Voy a aferrarme a la ofensa, o voy a soltarla? ¿Voy a salir con amigos que me hagan comprometer mis valores, o voy a hacer lo correcto y a ser una persona de excelencia? ¿Voy a trabajar a medias, o voy a tener integridad y a poner todo mi empeño en el trabajo?». Te estoy pidiendo que seas Israel. Despójate del viejo hombre. No dejes que la carne dicte tu vida. Deja que gobierne el Espíritu. Honra a Dios con tus decisiones. Las decisiones que tomas no solo te afectan a ti; afectan a tus hijos e incluso a generaciones futuras. El hermano de Jacob, Esaú, vendió su primogenitura por un plato de lentejas. Estaba tan hambriento, que dejó que sus deseos carnales dictaran sus decisiones. Como hijo primogénito, vendió algo increíblemente valioso por un plato de lentejas. Deberíamos hablar del «Dios de Abraham, de Isaac y de Esaú», no «y de Jacob». Pero Esaú dejó que su carne se quedara en el trono. No dejes que eso te suceda a ti.

> *Las decisiones que tomas no solo te afectan a ti; afectan a tus hijos e incluso a generaciones futuras.*

Tú puedes ganar la guerra interior. Dios te está llamando a ir más alto. Es el momento de hacer un cambio en eso que sabes que te está reteniendo. Este es un momento de gracia para hacer lo que no pudiste hacer antes. Tu decisión puede salvar tu matrimonio. Puede llevarte a un nuevo nivel en tu carrera profesional. Puede romper la mediocridad y lanzarte a la abundancia. Si haces esto, creo y declaro que romperás malos hábitos, resistirás la tentación, y te convertirás en el príncipe que Dios quiso que fueras, como le sucedió a Israel.

CAPÍTULO 13

Controla la lengua

**Las palabras pueden dejar cicatrices.
Las palabras pueden destruir a la gente.**

Una razón por la que las personas se atascan en la vida es porque no han aprendido a controlar su boca. Dicen cosas hirientes, denigran a las personas, y discuten. No se dan cuenta de que la boca les está impidiendo llegar más alto. Dios no te promoverá si no tienes un carácter que te respalde. No tienes que ser perfecto, pero siempre deberías estar mejorando. No deberías estar donde estabas hace cinco años atrás. Presta atención a lo que dices. A veces nuestras palabras han sido duras, sarcásticas y altivas durante tanto tiempo que ni siquiera nos damos cuenta. Tal vez no seamos conscientes de que estamos diciendo cosas para agradar a nuestra carne en lugar de escoger poner en práctica los frutos del Espíritu. Quizá tus amigos no te lo digan, pero eso no les gusta. Tus compañeros de trabajo no dicen nada, pero se distancian de ti. Te quedarás sin personas buenas porque tu lengua no está domada.

El apóstol Pablo dijo a los efesios: «Que ninguna palabra corrompida salga de su boca, sino solo aquella que sea beneficiosa para los demás». Antes de decir algo, tienes que preguntarte: «¿Este comentario será beneficioso para alguien? ¿Les va a edificar o a derribar? ¿Este comentario hará que mi cónyuge se sienta mejor consigo mismo, o tan solo alimentará mi ego?». Estas son pruebas que tienes que pasar. Lo único que impide que algunas parejas tengan un matrimonio saludable, buenas amistades, o un ascenso es su lengua. Tienen talento y tienen habilidades, pero despotrican, son sarcásticos y provocan riñas.

No puedes decir todo lo que quieras. Tus emociones te meterán en problemas. Cuando alguien te pone nervioso, te irrita y te sientes molesto, en lugar de despotricar y decir cosas que después lamentarás, da un paso atrás, respira hondo, y haz una pausa durante treinta segundos. Piensa en lo que vas a decir. No hables controlado por las emociones. No dejes que tu lengua corra salvaje, eso es lo más fácil. Tienes que ser disciplinado y controlar tu lengua. Las Escrituras dicen: «sea pronto para oír, tardo para hablar» (Santiago 1:19). Si haces una pequeña pausa y dejas que se calmen tus emociones, tomarás mejores decisiones. Es mejor no decir algunas

> *No hables controlado por las emociones. No dejes que tu lengua corra salvaje.*

cosas. No tienes que ganar cada debate, ni hace comentarios sobre todas las situaciones. No tienes que enderezar a todos. Quizá están equivocados y sabes que tú tienes la razón, pero tienes que preguntarte: «¿Vale la pena comenzar una pelea por esto?». Muérdete la lengua y déjalo estar. He oído decir que la razón por la que tenemos dos orejas y una boca es porque deberíamos escuchar el doble de lo que hablamos.

Cierra la boca

¿Sabes cuántos dolores de cabeza te ahorrarías si tan solo cerraras la boca? En el fragor del momento es fácil hacer comentarios hirientes que después lamentarás. Se tarda diez segundos en decirlo, pero el dolor se puede sentir durante años. Es como la quemadura que se queda en la piel después de que el fuego se apagó hace mucho tiempo. Podemos disculparnos y decir que lo sentimos, lo cual es lo correcto, pero eso no necesariamente elimina la cicatriz ni hace que el dolor desaparezca. Es mucho mejor domar la lengua, ser lento para hablar, pensar lo que vas a decir, y no hablar controlado por las emociones. Esto hace mucho daño a nuestras relaciones. Hemos oído el dicho: «Los palos y las piedras pueden romperme los huesos, pero las palabras no me hacen daño», pero eso no es cierto. Las palabras pueden dejar cicatrices. Las palabras pueden destruir a alguien. Las palabras pueden hacernos sentir inseguros, inferiores, sin valor. Hay personas hoy que no están alcanzando todo su potencial por palabras hirientes que les dijeron. Escucharon de sus padres una y otra vez: «Tú no eres muy listo. No sabes hacer nada bien». O su cónyuge siempre es altivo con él. «Eres muy lento. No eres atractivo. No tienes talento». Ahora, esas palabras están limitando el futuro de ese cónyuge.

Las palabras pueden dejar cicatrices. Las palabras pueden destruir a alguien.

David oró en el Salmo 64: «Protégeme de las lenguas afiladas de las personas que las usan como espadas». Se refería a palabras hirientes como espadas. ¿Estás edificando a las personas con tus palabras, o las estás cortando con ellas? ¿Los estás animando, haciéndolos más fuertes y más seguros, o los estás abatiendo, dejándolos heridos y con cicatrices? Muchas veces nos recuperamos de una herida física mucho más rápido que de una herida emocional.

Como padres, tenemos la responsabilidad de declarar palabras de vida, fe y ánimo a nuestros hijos. Sí, tenemos

> *¿Estás edificando a las personas con tus palabras, o las estás cortando con ellas?*

que corregirlos, pero no lo hagamos de una forma irrespetuosa o enojada. No digas cosas despectivas que puedan dañar su autoestima. A un niño pequeño no deberías decirle: «Eres un niño muy malo. Eres una niña muy mala». No deposites eso en su espíritu. Tu hijo es bueno. Fue creado a imagen de Dios, y Él sopló vida en él. Puede que su conducta sea mala, pero ellos son buenos. Corrígelos con amor, con un espíritu amable. No empieces a cortarles a una edad temprana con palabras negativas, con palabras hirientes. Ellos ya tienen suficientes cosas que superar en la vida tal y como es; y tendrán personas y circunstancias suficientes que llegarán contra ellos. Seamos padres que dicen palabras de vida que empujen a nuestros hijos hacia su destino y les ayuden a cumplir sus sueños. Dios nos ha confiado a nuestros hijos. Son un regalo de Dios. Con ese regalo viene también una gran responsabilidad. Dios cuenta contigo para guiarlos, nutrirlos y alentarlos a convertirse en las personas que Dios creó.

Todo comienza en casa

Controlar la lengua comienza en casa. Esposos, asegúrense de tratar a su esposa con respeto y honor. Si le dices cosas hirientes o denigrantes, abatiéndola con ello, realmente eres tú quien te abates a ti mismo. No le estás hiriendo a ella, sino a ti mismo. Las Escrituras dicen que tus oraciones no serán contestadas si no tratas bien a tu esposa. No alcanzarás tus sueños ni conseguirás tus metas si la estás cortando con tus palabras. Leí una vez un estudio que decía que una de las principales razones por las que las mujeres caen en depresión es porque no tienen la bendición de su esposo. No se sienten valoradas ni apreciadas. Conozco a hombres que tratan mejor a desconocidos que a su propia esposa. Son amables y compasivos con sus compañeros de trabajo, pero son altivos y sarcásticos con su esposa.

Jesús dice: «Darán cuentas de cada palabra ociosa que digan». Una palabra ociosa significa una palabra negativa, de desánimo, altiva, hiriente. Habrás oído decir: «Que tus palabras siempre sean dulces, porque algún día te las vas a tragar». Cuando lleguemos al final de nuestra vida, Dios preguntará: «¿Qué hiciste con el cónyuge que te di? ¿Lo ayudaste a crecer, a ser más seguro? ¿Lo animaste a alcanzar su siguiente nivel?». Si tu cónyuge no es mejor ahora que cuando lo conociste, si no es más seguro y brilla más, tienes que aumentar el nivel. Revisa lo que estás diciendo. ¿Estás proclamando bendiciones? Cada vez que le dices a tu esposa: «Eres hermosa», estás haciendo que llegue más alto. Ella brilla un poco más. Cada vez que le dices: «Te amo. Estoy muy contento de que seas mía», no solo tu matrimonio será más fuerte, sino que ella será más fuerte. Cuando la animas a alcanzar sus sueños, declaras vida a su destino y la retas a llegar más alto, estás bendiciendo su futuro.

> Si tu cónyuge no es mejor ahora que cuando lo conociste, si no es más seguro y brilla más, tienes que aumentar el nivel.

Dile a tu hijo: «Estoy orgulloso de ti. Es una gran bendición que seas mío. Vas a lograr grandes cosas». Eso no solo son palabras bonitas, sino semillas que lo moverán hacia su propósito. Si tuvieras que dar cuentas ahora mismo de tu esposa, de tus hijos, o de tus amigos, ¿son mejores hoy que hace cinco años? ¿Están más contentos, son más fuertes, más seguros y más exitosos? Si no, tienes que hacer algunos ajustes. Dios te los dio, y espera que se los devuelvas mejores de lo que eran. Después de llevar casado con Victoria más de treinta y cinco años, me daría vergüenza si tuviera que decirte: «Ella no está tan feliz como estaba antes de conocernos. No tiene tanta seguridad. No es tan exitosa. No se siente tan atractiva». Esta es la clave: no sería culpa suya, sino mía. Como su esposo, yo soy el responsable de empujarla hacia adelante. Yo debo hacer que esté animada, que sea fuerte y esté emocionada.

Las Escrituras dicen: «La esposa es un reflejo de la gloria del esposo». Si tu esposa no está brillando porque eres duro, crítico y altivo, no solo le estás dejando mal a ella, sino también a ti mismo. Cuando algunas personas tengan que dar cuentas de sus palabras, será un día triste. Dios mirará a sus cónyuges, a sus hijos y a sus amigos, y verá las heridas. Verá los cortes del sarcasmo, los cortes de la falta de respeto, los cortes de los comentarios altivos. No dejes que esa persona seas tú. Usa tus palabras para bendecir a las personas. Usa tus palabras para levantar a las personas, para hacerles sentir bien consigo mismos.

> *Cuando algunas personas tengan que dar cuentas de sus palabras, será un día triste.*

Aléjate y evita la pelea

En las relaciones, todos tenemos conflictos y cosas que no nos gustan. No estoy diciendo que nunca debas tener un desacuerdo, tensión o estrés. Digo que deberías dar un paso atrás y no hacer comentarios hirientes en el fragor del momento, porque eso dañará tus relaciones. «Bueno, Joel, si mi cónyuge no me sacara de quicio, y si mis hijos se portaran bien, no diría lo que no debo. Si mis compañeros de trabajo no me pusieran nervioso, sería más respetuoso». Estas son pruebas que todos tenemos que pasar. Las personas que hay en tu vida nunca serán perfectas. Tienes que aprender a controlar la lengua, y eso significa no decir lo primero que te venga a la mente. Tal vez no lo creas, pero eres lo suficientemente disciplinado para cerrar la boca. Quizá tu jefe es rudo contigo, y estás a punto de decirle lo que realmente piensas. El problema es que él es el jefe, y tú no. Después de dejar que hablen tus emociones, después de decirle lo que piensas, tendrás un arrebato de unos diez minutos, te sentirás bien, chocarás los cinco con todos, pero después te darás cuenta de que él sigue teniendo un empleo y tú no. Es mucho mejor controlar la lengua, así no tendrás que vivir con lamentos y preguntarte: «Pero ¿en qué estaba yo pensando? ¿Por qué dije eso?».

El amor deja margen para las debilidades de las personas. El amor pasa por alto una ofensa que nos hicieron. Tienes que elevarte por encima de esas cosas insignificantes que te están haciendo pedazos. Dales espacio a las personas para que tengan un mal día. Cuando son maleducados, no te rebajes a ese nivel. Sé un águila y elévate por encima. La vida es demasiado corta para vivir enojado con otros, siendo conflictivo, discutiendo por cosas que no importan. Algunas personas son tan tercas que quieren tener razón en todas las discusiones. Discutirán durante veintisiete días para poder tener la razón. Suéltalo; deja de malgastar tu energía porque tienes un destino que cumplir, tienes una

> *Dales espacio a las personas para que tengan un mal día. Cuando son maleducados, no te rebajes a ese nivel.*

tarea que conseguir, y esas cosas son distracciones que intentan desviarte de tu rumbo. Cierra la boca y deja que la otra persona tenga la razón. Tal vez sabes que no la tiene, pero no importa, deja que piense que tiene la razón. No malgastes tu valioso tiempo en algo que no te hará avanzar en tu propósito.

Si discutes durante mucho tiempo, al final dirás cosas que lamentarás después. Una discusión de diez minutos puede hacer que la relación retroceda diez años. Tienes que aprender a alejarte. No vas a sacar nada positivo de una situación acalorada, irrespetuosa y orgullosa. Dales la razón, y no pierdas la paz. Conserva el gozo. «Joel, eso me dejaría ante los demás como una persona débil». Es justamente lo contrario. La persona más fuerte es la que se humilla y da un paso atrás. Las Escrituras dicen: «Vence el mal con el bien». No se vence la falta de respeto con otra falta de respeto, el insulto con otro insulto, y los gritos con gritos más fuertes. Lo haces tomando el camino elevado, siendo mejor persona, manteniéndote respetuoso. No tienes que tener la razón en la discusión. La persona madura se aleja primero. Proverbios 20 dice: «Evitar una riña es un rasgo de honor». No dice que es un rasgo de honor cuando ganas una pelea, o te quedas con la razón, o dejas al otro por los suelos. Lo honorable es evitar la disputa.

> *Una discusión de diez minutos puede hacer que la relación retroceda diez años.*

En el capítulo 8 mencioné brevemente que, cuando David era un adolescente, su padre lo envió a llevar provisión de alimento a sus hermanos que estaban sirviendo en el ejército en el campo de batalla donde estaba la emoción. David estaba atascado en el campo, cuidando las ovejas de su padre. Cuando lo vio Eliab, el hermano mayor de David, inmediatamente fue verbalmente irrespetuoso con David e intentó humillarlo delante de los demás soldados. Eliab

> *Algunas personas se pondrán como meta intentar que muerdas el anzuelo del conflicto, para que entres en una disputa.*

intentaba provocar una disputa. Algunas personas se pondrán como meta intentar que muerdas el anzuelo del conflicto, para que entres en una disputa. Pueden ver el favor en tu vida. Saben que te diriges hacia grandes cosas, y en lugar de alegrarse por ti sabiendo que Dios tiene un destino para ti, se pondrán celosos. Al igual que Eliab, intentarán arrastrarte hacia batallas que no son importantes. No muerdas ese anzuelo.

Estoy seguro de que David sintió ganas de reprender a su hermano. Sus emociones le decían: «¡No te quedes callado!». Me imagino que David tenía su discurso preparado. «Eliab, te crees que eres la gran cosa, pero no eres nadie. Tan solo tienes celos, porque a mí me ungieron como rey y a ti no. Terminarás sirviéndome». David pudo haber atacado a Eliab, pero entendió este principio. No entró a la pelea. No maldijo a su hermano ni intentó tener la razón. Mantuvo su boca cerrada, se dio la vuelta, y se alejó. No es extraño que David tomara el trono. No es extraño que Dios le confiara hacer grandes cosas. David tenía un carácter que podía respaldar la unción sobre su vida. Dios puede darte una gran unción, puede tener un gran futuro preparado para ti, pero si no desarrollas tu carácter no conseguirás todo lo que Él tiene para ti. Controlar la lengua es muy importante para alcanzar nuestro destino.

Sella tus labios

Nuestra boca nos mete en problemas más que cualquier otra cosa. No se puede ir por ahí reprendiendo a la gente, usando la lengua como una espada, diciendo cosas hirientes y aplastando a la gente, y después esperar entrar en la plenitud de lo que Dios tiene para nosotros. Muchas veces, no son las grandes cosas las que nos impiden obtener lo mejor de Dios. No es algún gran pecado o algún gran error, sino las cosas pequeñas. El apóstol Pablo dice: «Si quieres disfrutar de la vida y ver cosas buenas, no digas nada malo o dañino». Me pregunto hasta qué altura podríamos llegar si hiciéramos lo que hizo David y no tuviéramos que tener siempre la razón, ni hacer un numerito.

> *Me pregunto hasta qué altura podríamos llegar si hiciéramos lo que hizo David y no tuviéramos que tener siempre la razón, ni hacer un numerito.*

¿Hasta qué altura llegaríamos si siguiéramos honrando calladamente a Dios, siendo respetuosos, haciendo lo correcto?

David enfrentó mucha oposición en la vida. Tuvo muchas oportunidades de enojarse, de perder el control, de reprender a personas. Hizo una oración muy interesante en el Salmo 141. No le pidió a Dios derrotar a sus enemigos ni le pidió que eliminara todas sus dificultades, sino que dijo: «Toma el control de lo que digo, Señor, y pon un sello en mis labios». Estaba diciendo: «Dios, tengo muchas personas en mi contra, muchos desafíos. Sé que me veré tentado a decir cosas que no debería, así que te pido por adelantado que me ayudes a cerrar la boca». Esa es una gran oración. Cada mañana cuando despertamos, deberíamos orar: «Dios, ayúdame a no decir cosas que me vayan a meter en problemas. Ayúdame a no maldecir mi futuro, a no ser sarcástico, altivo o discutidor. Dios, sella mis labios».

Eso es especialmente importante cuando enfrentamos situaciones que son estresantes, cuando lidiamos con un compañero de trabajo que nos pone nerviosos, o cuando nuestros hijos se meten en problemas en la escuela. En esas situaciones de presión en las que sabemos que vamos a ser tentados a decir cosas que no deberíamos, a culpar a personas, a levantar la voz o ser groseros, necesitamos decidir con antelación que vamos a cuidar atentamente de lo que decimos. Durante el día puedes decir: «Señor, gracias por mantener mis labios sellados».

Eso es lo que hizo Jesús. Cerca del final de su vida, sabía que estaba llegando a su etapa más difícil. Sabía que sería traicionado por treinta monedas de plata. Sabía que sería arrestado, acusado falsamente, juzgado en la corte, y crucificado en una cruz. Dijo a sus discípulos: «No hablaré mucho más con ustedes porque viene el príncipe de este mundo». Tuvo la sabiduría de darse cuenta de que iba a ser sometido a una presión indescriptible, así que les dijo: «Ya he decidido que no voy a hablar mucho». Estaba diciendo: «Ya he decidido que no me voy a quejar cuando sea traicionado. No voy a ser maleducado con Judas. No voy a discutir con los soldados. No voy a ser irrespetuoso con mis acusadores. Voy a vigilar mucho mis palabras».

Si Jesús, el Hijo de Dios, que tiene todo el poder, dijo: «No voy a hablar mucho en esta situación de presión», ¿cuánto más deberíamos nosotros tener cuidado con lo que decimos en momentos de presión?

Cuando sabes que vas a tener un día difícil en el trabajo, y que vas a ser sometido a una gran presión por parte de tu jefe, tienes que preparar tu mente antes de salir de casa: *No voy a decir todo lo que sienta. Voy a ser extra cuidadoso.* Cuando vayas a tratar un asunto delicado con tu cónyuge, decide de antemano: *Voy a estar tranquilo. No voy a abrir la puerta de la disputa, la discusión y la contienda.* Si Jesús, el Hijo de Dios, que tiene todo el poder, dijo: «No voy a hablar mucho en esta situación de presión», ¿cuánto más deberíamos nosotros tener cuidado con lo que decimos en momentos de presión?

Pulsa el botón de pausa

Es fácil poner excusas. «Fui rudo porque ellos fueron rudos conmigo. Dije cosas que no debería haber dicho, pero estaba bajo mucho estrés». No, tú tienes la gracia para estar donde estás y no ser rudo, no quejarte, ni decir cosas hirientes. Puedes alimentar tu carne y decir lo que sientes, o puedes alimentar tu espíritu y mantener la boca cerrada. Si sigues alimentando tu carne diciendo todo lo que quieres, siendo discutidor e irrespetuoso, el problema es que nunca crecerás, seguirás siendo un bebé. Las Escrituras dicen: «Aunque eres un heredero, aunque Dios tiene una herencia increíble que te pertenece (gozo, paz, favor, avance, abundancia), si sigues siendo un bebé no la recibirás». Controlar la lengua no significa solamente ser disciplinado, sino también crecer. Se trata de entrar en tu destino, se trata de recibir la herencia que te pertenece. Es triste decirlo, pero algunas personas tienen cincuenta años de edad y siguen siendo bebés. No han aprendido a controlar la lengua. A veces, dejamos que cosas pequeñas nos impidan alcanzar las cosas grandes que Dios tiene preparadas. En el cuadro global, no discutir con tu cónyuge es algo pequeño. También lo es no abatir a los demás. Es algo pequeño no ser sarcástico. Dios no nos está pidiendo que no comamos, que entreguemos nuestras pertenencias, o que nos mudemos al extranjero. Solo nos está pidiendo que domemos la lengua. Nos pide que usemos nuestras palabras para bendecir y no maldecir, para edificar a otros y no para derribarlos.

Esta es una razón por la que los israelitas nunca entraron en la Tierra Prometida. Dios los sacó de la esclavitud de Egipto, y se dirigían a la tierra donde fluía leche y miel; sin embargo, por el camino, cuando estuvieron bajo presión, en lugar de controlar su lengua comenzaron a quejarse por sus condiciones. Empezaron a criticar a Moisés, diciendo: «¿Por qué no trajiste aquí para morir en el desierto?». Era un viaje de once días hasta llegar a la Tierra Prometida, pero por sus palabras negativas estuvieron rodeando la misma montaña en el desierto durante cuarenta años. Esa generación de israelitas nunca lo consiguió. Si no vas a decir nada bueno, nada beneficioso, nada que edifique y anime, hazte un favor a ti mismo y cierra la boca. No solo estás afectando a la otra persona, sino que te estás impidiendo a ti mismo llegar a tu destino. Dios nos pondrá en situaciones para probarnos. Si eres crítico, duro y altivo, tienes que volver a pasar la prueba. Tienes que volver a rodear la misma montaña. No hagas como hicieron los israelitas y des vueltas a la montaña durante cuarenta años. Empieza a pasar la prueba.

> *Si eres crítico, duro y altivo, tienes que volver a pasar la prueba.*

La próxima vez que te veas tentado a decir algo que sabes que no deberías, pulsa el botón de pausa. Di susurrando: «Dios, ayúdame a mantener sellados mis labios. Ayúdame a controlar mi lengua». Si eres lento para hablar y tomas un momento para pedir la ayuda de Dios, empezarás a pasar esas pruebas. A medida que crezcas, Dios te irá dando más de su herencia, y verás más de su favor. El punto es que no puedes ser crítico y aun así querer llegar a tu tierra prometida. No puedes ser irrespetuoso con tu cónyuge, tus hijos o tus compañeros de trabajo, y llegar a ser todo lo que Dios quiere que seas. No puedes hablar mal a espaldas de otros y alcanzar la plenitud de tu destino. Por eso Proverbios dice: «La vida y la muerte están en poder de la lengua». Mi pregunta para ti es esta: ¿estás hablando vida a tu futuro, o estás hablando muerte?

Declara palabras de vida

En Números 12, a la hermana de Moisés, Miriam, no le gustó que Moisés se casara con una mujer de otra nacionalidad, una mujer cusita de la actual Etiopía. Miriam comenzó a hablar a espaldas de Moisés, sembrando discordia y criticando a Moisés ante su otro hermano, Aarón. La imagino diciéndole a Aarón: «Ella no es de las nuestras, y lo único que quiere es su dinero. Está esperando a cobrar las regalías de la película *Los Diez Mandamientos*». Las Escrituras dicen: «Dios escuchó que fue irrespetuosa. Oyó sus palabras críticas y dañinas». El escritor de Proverbios dice que Dios aborrece cuando alguien siembra discordia, creando problemas. De repente, Miriam contrajo lepra, que es contagiosa, y su piel se volvió blanca como la nieve. Eso pareciera algo extremo si tan solo estuviera hablando con su familia, pero iba a conducir a una disputa dañina y una división entre los israelitas. Tuvo que salir del campamento de inmediato. Por fortuna para Miriam, Moisés oró y le pidió a Dios que le quitara la lepra, y después de siete días su piel recuperó la normalidad.

Nos ayudará a tener la perspectiva correcta sobre nuestras palabras cuando entendamos que Dios oye lo que decimos. Él escucha cuando bendecimos a las personas y también cuando las maldecimos. Él nos oye cuando elogiamos,

> *Nos ayudará a tener la perspectiva correcta sobre nuestras palabras cuando entendamos que Dios oye lo que decimos.*

animamos y alentamos a la gente, y también escucha cuando criticamos a las personas y causamos problemas. El profeta Isaías dice que comeremos del fruto de nuestras palabras. Si siembras falta de respeto, cosecharás falta de respeto. Si siembras sarcasmo, discordia y juicio, cosecharás esas mismas cosas. Pero cuando siembras bondad, ánimo y misericordia, eso es lo que cosecharás.

Una mañana temprano, cuando nuestro hijo Jonathan estaba en la universidad, le envié un mensaje deseándole un feliz cumpleaños y diciéndole cuán orgulloso estaba de él. Después fui a mi oficina para preparar el mensaje de ese fin de semana. Estuve repasando mis notas durante un par de horas, y no era capaz de encontrar ninguna dirección en cuanto a lo que tenía que compartir con la iglesia. Por lo general, algo salta a mi vista al comenzar, pero no sentía nada. No tenía inspiración, todo estaba muy confuso. Cuando finalmente vi algunas notas sobre controlar la lengua, supe que era eso de lo que tenía que hablar. Unos diez minutos después, Jonathan me contestó el mensaje, diciéndome: «Gracias, papá. Eres el mejor papá del mundo». Seguía diciendo más cosas bonitas sobre mí, y terminó diciendo: «Quiero ser como tú». Es asombroso cómo esas pocas palabras soplaron vida y energía en mi espíritu. Sentí un empuje, una fuerza, un gozo que me llevaron de estar atascado, sin nada claro que decir y pensando: *Esto es muy duro*, a estar emocionado y apasionado. Las ideas y la creatividad comenzaron a fluir, todo lo cual se prendió por unas cuantas palabras amables.

Santiago dice: «La lengua es como un fuego. Una chispa puede incendiar todo un bosque». Una palabra puede desatar un gran problema, y una palabra puede desatar una gran bendición. Te pido que comiences buenos incendios. Prende sueños, prende esperanza, prende pasión. Tus palabras pueden poner de pie a las personas y soplar nueva vida en sus sueños. No seas parte del problema; sé parte de la solución. Sé alguien que levanta a otros, sé alguien que anima, que sana. Cuando seas tentado a decir algo irrespetuoso, altivo o a discutir, sé disciplinado y mantén la boca cerrada. Baja esa espada. No vayas por la vida cortando a las personas con palabras hirientes. Edifica con

> *Te pido que comiences buenos incendios. Prende sueños, prende esperanza, prende pasión.*

palabras de ánimo. Cada mañana pídele a Dios que te ayude a mantener tus labios sellados. Si controlas tu lengua, creo y declaro que disfrutarás más de tu vida, que tendrás mejores relaciones, y que recibirás tu herencia completa.

CAPÍTULO 14

Vive por una causa

**La razón por la que algunas personas
no son felices ni se sienten realizadas es
porque solo piensan en sí mismas.**

Todos deberíamos estar involucrados en algo que sea más grande
que nosotros mismos. Es bueno tener metas y sueños personales,
cosas que queremos lograr; sin embargo, si solo te enfocas en ti
mismo no alcanzarás tu máximo potencial. Fuiste creado para
ayudar a otros, para ser de bendición, para levantar a los caídos,
animar a aquellos que están cabizbajos, y para pelear por aquellos
que no pueden hacerlo. Debes tener una causa por la que estés
apasionado; alguna forma de poder hacer del mundo un lugar
mejor. Podría ser hacer voluntariado en un albergue para mujeres, ser mentor para algunos muchachos jóvenes, o hacer pequeñas reparaciones para tus vecinos ancianos. Tal vez tu causa sea
apoyar a grandes organizaciones, ayudar a construir un centro
de acogida para niños, apoyar económicamente un ministerio,
o pagar la renta de una mamá soltera. Tu causa podría ser romper una adicción para que tus hijos no tengan que lidiar con

ella, o salir de la pobreza y establecer un nuevo estándar para tu familia.

Cuando vives por una causa, harás cosas que normalmente no harías: te levantarás temprano, harás sacrificios, y estarás ahí, aunque tengas otras cosas que hacer. Lo haces porque estás comprometido con la causa. Cuando despiertas en la mañana, no piensas: *No tengo ganas de ir a trabajar. No quiero lidiar con estos problemas.* Tu actitud es: *Tengo una misión que cumplir; tengo una tarea. No se trata solo de mí. Hay alguien que necesita lo que yo tengo y cuenta conmigo; voy a ser una fuerza positiva en mi vecindario, en mi familia y en mi trabajo.*

La razón por la que algunas personas no son felices ni se sienten realizadas es porque solo piensan en sí mismas. Mientras sigas enfocándote en ti mismo no serás productivo ni te sentirás realizado. Busca maneras de ser una bendición, pues cuando des de tu tiempo, energía y recursos para cuidar a los que sufren, ayudar a los más desfavorecidos e impulsarlos a alcanzar sus

> *¿Estás esperando a que Dios te bendiga cuando Dios está esperando que tú seas una bendición?*

sueños, verás el favor de Dios de maneras nuevas. ¿Estás esperando a que Dios te bendiga cuando Dios está esperando que tú seas una bendición? El siguiente nivel de tu destino pasa por ayudar a alguien más.

«¿No es esto una causa?»

Cuando David tenía diecisiete años se dedicaba a cuidar ovejas en el campo. Parecía que ese era su destino; no provenía de una familia influyente ni tenía un puesto importante. Todas sus circunstancias parecían indicar que viviría una vida común y corriente y nunca haría nada importante. Un día, su padre le pidió que les llevara comida a sus tres hermanos que estaban en el ejército en la línea de batalla contra los filisteos. David pudo haber dicho: «Papá, no quiero hacer eso. No soy un recadero y estoy ocupado con las ovejas. Búscate a otro». Pudo haberse negado, pero este pequeño acto de obediencia a través del cual hizo algo bueno por sus hermanos, dejando su comodidad para hacerles bien, fue lo que lo llevó a su destino. No subestimes las pequeñas cosas que puedes hacer por los demás: llevarle a alguien un café, llevarlo en auto a su casa, preparar la cena para un vecino que no se siente bien, o quedarte más tiempo para ayudar a entrenar a un compañero de trabajo son pequeños actos de obediencia que pueden dar lugar a grandes bendiciones.

> *No subestimes las pequeñas cosas que puedes hacer por los demás.*

Cuando David llegó al campamento militar, escuchó cómo Goliat, el gigante filisteo, provocaba a los israelitas. Goliat llevaba cuarenta días apareciendo dos veces al día (en la mañana y en la tarde) para gritarles amenazas. Cuando los soldados israelitas escuchaban sus amenazas, se aterrorizaban y salían corriendo; sin embargo, algo en el interior de David se removió; una ira santa. Dijo: «¿Quién es este filisteo incircunciso para desafiar a los ejércitos del Dios viviente?». Preguntó qué le harían al hombre que matara a Goliat. El hermano mayor de David, Eliab, escuchó lo que David había preguntado. Su actitud contra él era crítica porque veía el favor que David tenía sobre su vida. Dijo: «David, ¿por qué estás aquí?». Lo que realmente estaba diciendo era: «David, no hay nada que puedas hacer contra este gigante. Mira lo pequeño que eres». David podría haberse ofendido y haberse puesto a discutir, pero en lugar de eso respondió: «¿No es esto una causa?». Lo que estaba diciendo era: «Puede que tú tengas miedo y hayas adoptado una actitud pasiva, pero no voy a permitir que este gigante deshonre a mi Dios. Esta es una gran causa por la que vale la pena luchar». En ese momento nació algo en el interior de David: un fuego, una pasión por derrotar a Goliat.

Lo que llevó a David del campo y las ovejas a su destino fue una causa; estuvo dispuesto a involucrarse en algo más grande que él. No tenía por qué importarle Goliat; podría haber ignorado esas palabras desafiantes, pero David se plantó frente a algo que, en un sentido, no tenía nada que ver con él. Él no estaba en el ejército y Goliat no le estaba provocando a él, así que podría haber regresado a su casa y haber vivido una vida común y corriente. Pero, cuando luchas contra los gigantes que amenazan a otros o das la cara por aquellos que no pueden hacerlo, no solo los estás ayudando; esa causa te catapultará hacia tu destino.

> *Cuando luchas contra los gigantes que amenazan a otros o das la cara por aquellos que no pueden hacerlo, no solo los estás ayudando; esa causa te catapultará hacia tu destino.*

David tomó su honda, lanzó una piedra y derrotó a Goliat. Con el tiempo, llegó a ocupar el trono de Israel, pero lo más interesante es que la corona estaba incluida en la causa. Sin esa causa, nunca se hubiera convertido en rey. Igual que le ocurrió a David, encontrarás tu corona en tu causa. Encontrarás tu ascenso, tus bendiciones y tus sueños cumplidos al ser de bendición para otros. ¿Estás peleando por alguien que no seas tú mismo? ¿Estás corriendo riesgos, dando pasos de fe y ayudando a otros a avanzar? Cuando vives por una causa verás gigantes caer a tu alrededor. Experimentarás bendiciones, puertas abiertas, y las personas correctas se cruzarán en tu camino.

Miles de soldados israelitas vieron y escucharon a Goliat día tras día, pero David era el único que tenía una causa. No tenía el tamaño, la formación o la experiencia, pero creía firmemente que Dios obraría. Sabía que derrotaría a Goliat y obtendría la victoria. Cuando tienes una causa, tienes fe para creer a lo grande, orar con atrevimiento, y tener la certeza de que los gigantes caerán.

La corona está en la causa

Cuando el Compaq Center estuvo disponible como opción posible para nuestra iglesia, yo pensé: *Dios, esto no se trata solo de Lakewood, sino también de avanzar el reino. Estas instalaciones sentarán un nuevo estándar y serán un ejemplo de tu grandeza.* Tuve la valentía de luchar por algo que era mucho más grande que yo. Tres años antes de esto, yo estaba a cargo de nuestra producción de televisión y nunca había pastoreado, pero cuando tienes una causa tienes la certeza de poder conseguir lo que parece imposible y alcanzar lo que parece inalcanzable. Encuentra tu causa. Pelea por alguien que no puede pelear por sí mismo; involúcrate en algo más grande que tú mismo. Ahí encontrarás tu corona, y tu grandeza saldrá a relucir.

Pelea por alguien que no puede pelear por sí mismo.

David podría haberse dado por satisfecho cuidando a las ovejas en el campo; pudo haberse contentado con una vida ordinaria. «No quiero salir de mi zona cómoda. Sé que la gente podrá criticarme por quedarme en lo seguro, pero ahí afuera hay gigantes enormes». Tu destino no está en lo seguro, y no estás llamado a la mediocridad. Enfréntate a un par de gigantes y lucha por avanzar el reino, estableciendo nuevos estándares. Dios no te dio el talento, la personalidad y la valentía que tienes solamente para que vayas a trabajar, ganes dinero y le des de comer a tu familia. Fuiste llamado, recibiste dones y salud, tienes influencia y has sido ungido por y para una causa. No construyas solamente tu reino; construye el de Dios. Marca una diferencia. ¿Dónde hay gigantes que puedes derrotar? ¿A qué personas puedes levantar? No hay nada peor que llegar al final de tu vida y darte cuenta de que nunca viste tu corona y nunca ascendiste al trono. La clave no estaba en lo ordinario o lo rutinario, estaba en la causa; estaba en hacer algo fuera de lo común y ser parte de algo que no se tratara de ti. Se trataba de hacer que tu vecindario fuera mejor, bendecir a un compañero de trabajo, o derrotar a un Goliat. Es entonces cuando verás tu corona.

> *¿Dónde hay gigantes que puedes derrotar? ¿A qué personas puedes levantar?*

Yo he decidido que no voy a vivir mi vida con un enfoque en la comodidad, sino con un enfoque en la causa. Cuando vivimos centrados en la comodidad no tenemos por qué estirarnos, hacer sacrificios o correr riesgos. Cuando la comodidad es lo más importante, nadie me va a criticar, nadie va a hablar de mí, y no tendré oposición. El problema es que nunca alcanzarás tu destino si vives enfocado en la comodidad. Mientras David siguiera en el campo ocupándose de sus asuntos, cuidando sus ovejas y sintiéndose satisfecho, seguiría siendo común y corriente. Si no hubiera estado dispuesto a hacer ese recado de llevar comida a sus hermanos, nunca habría ascendido al trono. No pases por alto las cosas pequeñas. Si hubiera dejado que su hermano mayor lo desanimara, le hiciera enojar o le amargara la vida, se habría perdido su destino. Si al ver a Goliat y escuchar sus amenazas hubiera pensado: *Vaya, me encantaría ayudar, pero tengo miedo. Goliat es el doble de grande que yo,* nunca se habría convertido en rey. La causa tiene que ser más grande que el gigante, más grande que la oposición, y más grande que tus sentimientos y emociones.

Puede que tengas todas las de perder, o aquello a lo que te enfrentas es más fuerte y con más experiencia que tú, pero no te preocupes. Dios y tú son mayoría. Nadie puede hacerle frente a nuestro Dios. Te esperan gigantes, igual que a David, y cuando derrotes los de los demás se abrirán puertas para tu destino. Cuando encuentres tu causa, el rey que llevas dentro saldrá a la luz. Cuando tu sueño implica ayudar a otros, hacer que tu comunidad sea un lugar mejor y levantar a los caídos, te parecerá que estás ayudando a los demás, pero lo que no sabes es que te estás ayudando a ti mismo.

> *Te esperan gigantes, y cuando derrotes los de los demás se abrirán puertas para tu destino.*

Encuentra tu causa

Dios ve cuando sirves a los demás y haces sacrificios. Él te ve cuando ayudas y no recibes el mérito por madrugar para buscar a un amigo, cocinar para algún vecino, o pasar tus vacaciones sirviendo en un orfanato. Él está atento a cómo apoyas y sostienes un ministerio, haces voluntariado y sirves en la comunidad en ocasiones incluso cuando es tu día libre. Podrías estar haciendo

algo para ti mismo, pero estás invirtiendo en otros, así que prepárate. Tu
corona está en camino. Has estado
luchando por los demás y ahora Dios
está a punto de luchar por ti. El rey
verá la luz en medio de la causa. Verás
abrirse puertas que nunca pensabas

> *Has estado luchando por los demás y ahora Dios está a punto de luchar por ti.*

que podrían abrirse. Experimentarás favor, tendrás influencia y
oportunidades, y todo por luchar por otra persona. Te involucraste
en algo más grande que tú mismo.

Un amigo mío creció en un pequeño pueblo de Kentucky. Su
familia era pobre y no tenían mucho, pero desde que era un niño
tuvo el deseo de ayudar a los niños más necesitados. Cuando tenía
ocho años, vio en la televisión que podía apoyar a un niño hambriento en otro país por quince dólares al mes. No tenía dinero,
así que empezó a cortar el césped de los vecinos para poder ayudar. Él mismo necesitaba ese dinero, pero estaba viviendo por una
causa, luchaba por otra persona. Cuando podía estar jugando en
la calle, estaba cortando el césped, haciendo sacrificios por alguien
que nunca conocería. Eso es muy noble, y es muy bueno ser una
persona compasiva, pero era más que eso. Cuando descubres tu
causa, descubrirás también la corona que viene con ella.

Por la gracia de Dios, mi amigo pudo ir a la universidad.
Durante los veranos cruzaba el océano viajando con doctores para
ayudar a cuidar de niños que eran como aquel niño que él apo-
yaba. Terminó estudiando la carrera de medicina y después inició
su propia consulta médica. Se convirtió en una persona de mucho
éxito, sin dejar nunca de hacer todo lo que podía por cuidar de
los niños. Uno de sus proveedores médicos se enteró de la labor
que hacía apoyando a niños y le preguntó si necesitaba algo. El
proveedor comenzó a darle todo tipo de medicinas, vacunas y

antibióticos, hasta tal punto que tuvo que conseguir un almacén para guardarlo todo. En la actualidad, mis amigos, el Dr. Todd Price y su esposa Sue, han entregado suministros médicos por valor de más de mil millones de dólares a niños de todo el mundo, y su organización ha tratado a más de sesenta millones de niños que necesitaban atención por parásitos. Me dijo que, desde que era un niño pequeño, siempre había orado pidiéndole a Dios que enviara a alguna persona rica que ayudara a los niños necesitados. Dijo: «Nunca creí que yo mismo sería esa persona». Las Escrituras dicen: «Cuando ayudas a los pobres, das de comer a los hambrientos y levantas a los caídos, tu luz brillará como la del alba». Tu sanidad, tu abundancia y tus bendiciones llegarán también.

El Dr. Price no tenía por qué ayudar a esos niños, corriendo riesgos y usado su tiempo de vacaciones para viajar por el mundo hospedándose en pequeñas aldeas. Podría haber disfrutado de una vida cómoda y común, pero nunca habría visto el favor de Dios como lo ha visto. Nunca se habría sentido tan realizado. Descubrió que su causa estaba conectada a su corona, y esa causa abrió puertas más grandes de lo que podría haber imaginado para su destino. Sé que no todos pondremos en marcha grandes organizaciones o viajaremos por el mundo ayudando a los necesitados, pero a tu alrededor Hay alguien por quien puedes luchar; hay algo que puedes hacer que va más allá de ti para hacer de tu comunidad, tu escuela o tu familia un lugar mejor. Encuentra tu causa y encontrarás también favor y gozo.

> *Hay alguien por quien puedes luchar; hay algo que puedes hacer que va más allá de ti para hacer de tu comunidad, tu escuela o tu familia un lugar mejor.*

Ten mentalidad de reino

Eso es lo que hizo Nehemías, quien era copero del rey de Persia. No era gerente ni tenía riquezas o influencia; tenía un puesto bastante ordinario. Cuando se enteró de que las murallas de Jerusalén habían sido derribadas y la ciudad estaba desprotegida, estaba a miles de kilómetros. Podría haber pensado: *Qué lástima, pero es su problema. Yo no puedo hacer nada.* Sin embargo, algo despertó en su interior y supo que tenía que reconstruir esas murallas. Pero ¿cómo podía hacerlo? No tenía dinero ni obreros ni influencia ni experiencia. Sin embargo, cuando vives por una causa haces oraciones atrevidas, crees que lo imposible puede ocurrir, y caminas con la certeza de que las puertas se abrirán. Yo he aprendido que Dios paga lo que encarga; cuando se trata de avanzar su reino o hacer cambios positivos, Él proveerá los recursos y las personas necesarias. No tienes que tenerlo todo controlado; lo único que tienes que hacer es creer.

Nehemías le pidió al rey permiso para regresar a Jerusalén y reconstruir las murallas. Ahora imagínate pedirle a tu jefe seis meses de vacaciones para llevar a cabo un proyecto personal. Lo lógico hubiera sido que el rey le dijera: «¿Disculpa? Te estoy pagando y necesito que estés aquí». Pero, por alguna razón, el rey accedió, diciendo: «Está bien, puedes ir». Como si eso no fuera suficiente, Nehemías dijo: «Tengo que pedirle otro favor. Voy a necesitar protección, ¿podría entregarme una carta dirigida a todos los gobernantes de las regiones que tengo que atravesar para que no me hagan daño? Y también necesitaré madera para reconstruir las murallas y las puertas. Necesito una carta firmada por usted que ordene a las serrerías que me den lo que necesito». Las Escrituras dicen: «El rey le concedió a Nehemías todo lo que pidió porque el favor del Señor estaba sobre él». Es bueno pedir cosas para ti, pero cuando estás pidiendo para alguien más, levantando la voz por los que no pueden hacerlo, y teniendo mentalidad del reino en lugar de una mentalidad egoísta, Dios obrará en tu vida.

¿Por qué no inviertes parte de tu tiempo, energía y recursos en alguien más?

Lo que retiene a algunas personas es que están enfocadas únicamente en sus propias metas, sueños y proyectos. ¿Por qué no inviertes parte de tu tiempo, energía y recursos en alguien más? Lucha contra sus gigantes, ayúdalos a cumplir sus sueños, sé un mentor para sus hijos, o cuídalos cuando pasen por una enfermedad. Esa causa estará conectada con tu corona y abrirá nuevas puertas para tu destino. Derrotar a Goliat, que era el gigante de otras personas, es lo que llevó a David al trono. Es bueno que tengas tus propias metas, pero tienes que ser parte de algo más grande que tú mismo. David se habría quedado en el campo cuidando a las ovejas si no hubiera encontrado su causa. Nehemías habría vivido una vida ordinaria si no hubiera encontrado su causa.

Tu grandeza está a punto de salir a la luz

Cuando Nehemías fue a Jerusalén para reconstruir las murallas, enfrentó todo tipo de oposición. Los críticos lo ridiculizaron e intentaron detenerlo, los enemigos amenazaron con atacar a los obreros, y hubo planes que atentaban contra su vida; era una cosa detrás de otra. Pero, cuando vives por una causa, no te dejas llevar por los sentimientos y la oposición tampoco dicta tu rumbo.

Tienes una misión, una tarea que realizar. La causa te ayuda a mantenerte enfocado, a perseverar y a tener determinación. Se suponía que Nehemías tardaría años en terminar de reconstruir las murallas, pero lo hizo en tan solo cincuenta y dos días.

Yo creo que hay algunos David y algunos Nehemías leyendo estas palabras. Podrías vivir una vida común y corriente, pero estás luchando por otros e invirtiendo en causas que son más grandes que tú mismo, haciendo sacrificios para ayudar a quienes te rodean. No puedes ayudar a otros sin que Dios te ayude a ti, y esa causa tiene un acompañante; está conectada a una corona. Verás favor, influencia y oportunidades que

> *No puedes ayudar a otros sin que Dios te ayude a ti.*

tu familia nunca antes ha visto. Saldrás de lo ordinario, entrarás en lo poco común e inusual, y te beneficiarás de recursos que nunca imaginaste. La grandeza que Dios puso en ti saldrá a la luz gracias a esa causa. No se trata de que encuentres tu corona, sino de encontrar tu causa. ¿Qué gigante puedes derrotar, qué almuerzo puedes llevar a tus hermanos, y qué muralla puedes reconstruir? Si encuentras la causa, la corona llegará.

Lo interesante es que las murallas de Jerusalén habían sido derribadas por el rey de Babilonia más de seis décadas antes, y Dios podría haber hecho que algún rey, gobernador o alguna persona rica las reconstruyera. Pero escogió a un copero; alguien ordinario, y la causa hizo salir a la luz la grandeza de Nehemías. Sin esta causa no estaríamos hablando de él, y sin una causa David no se hubiera convertido en el rey más importante de la historia. Te pido que encuentres una causa y vivas por algo más grande que tú mismo. Cuando ayudes a los demás, construyas sus sueños y apoyes el avance del reino, tu grandeza saldrá a la luz. «Joel, no compré este libro para leer sobre ayudar a los demás. Quiero saber cómo ser bendecido». Así es como serás bendecido. Así es como saldrá a la luz tu grandeza y descubrirás tu corona. «¿No es eso una gran causa?».

Invierte en algo más grande que tú

A veces, la causa es ser una mejor versión de ti mismo para que la vida de tu familia y de aquellos que te sucedan sea mejor. Mi padre creció siendo muy pobre, porque su familia lo perdió todo durante la Gran Depresión. Creció con una mentalidad de pobreza; no le permitían beberse un vaso entero de leche, sino una pequeña cantidad de leche diluida en agua. Sin embargo, a los diecisiete años entregó su vida a Cristo siendo la primera persona en su familia en hacerlo. Sintió el llamado a ser ministro, pero sus padres intentaron desanimarlo diciéndole que lo único que sabía hacer era trabajar en la granja y que, si se iba, no sobreviviría. La causa tiene que gritar más fuerte que los opositores, y lo que Dios ponga en tu corazón tiene que ser más fuerte que los comentarios negativos. Con diecisiete años, mi padre decidió que sus hijos no crecerían en la misma pobreza en la que él se crio. No tenía dinero ni transporte ni experiencia, pero se fue de la granja con una causa.

> *La causa tiene que gritar más fuerte que los opositores.*

Salió y comenzó a ministrar, aunque sabía muy poco de la Biblia; solo había estado en la iglesia unas cuantas veces. Ni siquiera sabía pronunciar bien el nombre de Job, y la primera vez que predicó sobre Sansón se dio cuenta de que había estado llamándolo

«Tarzán». No tenía mucha preparación, pero tenía una causa: «Honraré a Dios con mi vida, romperé esta fortaleza de pobreza, y estableceré un nuevo estándar para mi familia». No tenía auto; tenía que hacer autoestop. No tenía iglesia; predicaba en cárceles y residencias de ancianos. No tenía una organización que lo apoyara, y la primera ofrenda que recibió fue una manzana. Hubo muchos momentos en los que fue tentado a desanimarse y sentir que aquello nunca funcionaría, pero se preguntaba a sí mismo: «¿No es esto una gran causa?». Cuando vives por una causa, no te enfocas en cómo te sientes, en lo que dice la gente o en lo que no está saliendo bien; te enfocas en la causa. «No estoy luchando solo por mí. Estoy luchando por mis hijos y por llevar a mi familia a otro nivel».

> *Cuando vives por una causa, no te enfocas en cómo te sientes, en lo que dice la gente o en lo que no está saliendo bien.*

Mi padre siguió adelante cuando no se abría ninguna puerta. Se mantuvo firme en la fe cuando había personas en su contra; siguió siendo la mejor versión de sí mismo incluso cuando las cosas tardaban más de lo que él había pensado. Siguió enfocado en su causa y no en sus sentimientos o circunstancias. Al seguir haciendo lo correcto, siendo fiel año tras año, comenzó a recibir su corona. Comenzó a ver favor como nadie en su familia, y rompió el espíritu de pobreza. Dios abrió grandes puertas, y mi padre fundó y pastoreó Lakewood por casi cuarenta años, marcando una gran diferencia con su vida. ¿Cómo fue que salió de lo común para entrar a lo poco común? Tenía una causa más grande que él mismo y no pensó solamente en su propio bien. Pensó en su familia, en cómo podía ser de bendición para los demás, e invirtió su vida en algo más grande que él mismo.

Mantente decidido y enfocado

Vivir por una causa es lo que te ayudará a mantenerte decidido y enfocado. Cuando Jesús iba a ser crucificado, no tenía muchas ganas de seguir adelante con el plan. Estaba tan afligido y angustiado en el jardín de Getsemaní, que su sudor era como gotas de sangre. Creemos que ganó la victoria en el Calvario, pero la verdadera victoria la ganó en ese jardín. Fue allí donde tomó la decisión de seguir adelante con el plan a pesar de haber orado tres veces diciendo: «Padre, si es posible, pase de mí esta copa». Sus emociones le decían que debía rendirse, y sus sentimientos le decían que no debía seguir adelante. Su mente le decía que no valía la pena.

> *Cuando estés en tu propio jardín de Getsemaní, tienes que hacer como Jesús y tomar la decisión de que la causa lo vale.*

Si no hubiera vivido por una causa, nosotros no tendríamos salvación. En el momento más oscuro tomó una decisión: «Esto no se trata de mí; se trata de ayudar a otros y cumplir mi propósito». Las Escrituras dicen que llegaron ángeles y lo ministraron en el jardín. En los momentos difíciles en los que estás intentando romper esa adicción, mantener unido tu matrimonio, o intentando llevar a tu familia a otro nivel, te verás tentado a pensar: *Es demasiado difícil, ha pasado demasiado tiempo, la presión es demasiado fuerte.* Cuando estés en tu propio jardín de Getsemaní, tienes que hacer como Jesús y tomar la decisión de que la causa lo vale.

Las Escrituras dicen: «Jesús soportó el dolor de la cruz mirando hacia adelante al gozo venidero». Pudo soportar el dolor del momento, porque estaba enfocado en la causa. La buena noticia es que, cuanto más difícil sea la situación, más cerca estarás de tu corona. Tu victoria está cerca; has llegado demasiado lejos como para detenerte ahora. Dios no te trajo hasta aquí para abandonarte, así que plántate, sigue decidido, enfocado y haciendo lo correcto, porque no lo haces solo por ti. Lo haces por tu familia y para avanzar el reino. Si sigues luchando por otras personas como hizo Jesús, los ángeles vendrán para renovar tus fuerzas. Él está viendo cómo das, ayudas a otros, eres amable con los demás, y luchas contra sus gigantes. No tenías por qué hacerlo y nadie te habría culpado por no hacerlo, pero igual que Nehemías, respondiste a la causa y diste el paso para marcar la diferencia. Así que ahora prepárate; el rey que hay en ti está a punto de salir a la luz, y tu corona está a punto de aparecer ante tus ojos. Creo y declaro que desde ahora empiezas a salir de lo común para entrar a lo inusual. Dios está a punto de mostrarte favor de una manera nueva con ascensos, influencia y conexiones divinas. Tus sueños comienzan a cumplirse, las adicciones se rompen y las fortalezas son derribadas.

CAPÍTULO 15

Cuida de ti mismo

Me encanta decir sí, pero a veces para cumplir tu destino hay que decir no.

Es fácil quedarnos tan atrapados intentando suplir las necesidades de los demás y estar a la altura de sus expectativas, que nos relegamos a nosotros mismos a un segundo plano. Están las demandas del trabajo, agradar al jefe y a los compañeros de trabajo. Están las presiones familiares, tener contento a tu cónyuge y educar a tus hijos, llevar a uno al entrenamiento de fútbol y a otro a clase de baile. Hay que ir corriendo al supermercado e intentar preparar la cena perfecta que a todos les guste. Después está la fiesta de cumpleaños del vecino. No podemos decepcionar a nadie porque cuentan con nosotros. Desarrollamos una mentalidad de héroe, donde siempre tengo que ser fuerte, ser el que interviene, el que anima a todos, el que arregla los problemas y se queda hasta tarde.

Hacemos todas esas cosas buenas para intentar que todos los que nos rodean estén felices. El problema es que podemos quedar exhaustos, agotados, quemados. Nos aseguramos de que todos los demás sean una prioridad, pero tenemos que lograr que nosotros seamos una prioridad. Tu primera misión es que tú mismo estés saludable. Tienes un don. Dios te ha entregado talentos y sueños. Eres valioso. No es egoísmo dedicarte algo de tiempo. Necesitas tiempo para renovarte, para llenarte de energía. No

> *Tu primera misión es que tú mismo estés saludable.*

deberías estar tan ocupado que no tengas tiempo para estar a solas, o tiempo para reír, o tiempo para hacer ejercicio. Necesitas tiempo de recreo. Necesitas esas cosas que te ayudan a mantener el balance.

Cuando las personas extraen mucho de ti, tienes de asegurarte de estar teniendo muchos ingresos. Si estás dando continuamente y nunca recargas, te quedarás mermado. Eres bueno con otros; entonces, ¿por qué no ser bueno contigo mismo? Eres amable con otros, así que sé amable contigo. Sé generoso contigo. Sé amoroso contigo. No vivas con una mentalidad de héroe que dice: «Tengo que ser fuerte, tengo que estar en todos los eventos. Tengo que ser una super mamá que no para de hacer y lograr cosas. No puedo decir no. ¿Qué dirán si lo hago?». Las personas aceptarán todo lo que les des. Dejarán que trabajes veinticuatro horas al día si estás dispuesto a hacerlo, y cuando estés agotado, vacío emocionalmente y exhausto físicamente, no solo te estarás haciendo daño a ti mismo, sino también a tu familia y a los que te rodean. No solo eso, sino que tampoco es saludable. Te está haciendo vivir abrumado y estresado, con la presión sanguínea por las nubes.

Vive equilibradamente

Nadie puede hacer este cambio para cuidarte salvo tú mismo. Tienes que ser tú el que diga: «Voy a hacer algunos ajustes en mi agenda. No voy a acudir corriendo cada vez que me llame este amigo. No voy a vivir bajo unas presiones y demandas que no sean razonables. Voy a mantenerme saludable, asegurándome de cuidar de mi bienestar emocional». Si no aprendes a decir no a algunas cosas, nada cambiará. Las personas que cuentan contigo para que actúes y siempre estés ahí para ellos no dirán: «¿Por qué no te tomas un descanso? Tómate la tarde libre para hacer lo que tú quieras. Yo te cubro». No, les has entrenado, así que esperan que estés ahí para ellos. En cuanto no estés, dirán: «¿Qué sucede? ¿Dónde estás, Superman?». Tienes que decirles: «Superman se fue a la cabina telefónica y se convirtió en Clark Kent. Superman estaba cansado. Superman necesitaba descanso. Superman tenía que recuperar el balance». Puede que no les guste, pero tu salud y tu bienestar emocional son más importantes que tener a todos contentos.

> *Superman se fue a la cabina telefónica y se convirtió en Clark Kent.*

Cuando hagas estos ajustes, no te sorprendas si te sientes culpable y piensas: *Debería estar ayudando. Debería estar con mi vecino. Debería estar trabajando hasta más tarde.* No caigas en la trampa de hacer cosas que te desequilibren. No hay nada de malo en dedicarte tiempo a ti mismo. Cuando estés cansado, tienes que descansar. Cuando estés vacío, tienes que recargarte. No estoy diciendo que no trabajes duro. A mí me encanta trabajar, conseguir cosas y ser responsable, pero lo que digo es que tienes que vivir con balance. No puedes trabajar todo el tiempo, servir a tu familia todo el tiempo, y ser fuerte para los demás todo el tiempo. A veces tienes que decir: «Lo siento, necesito un descanso. Necesito un momento para recargar baterías. He tenido muchos reintegros y tengo que hacer algunos ingresos».

Para mí, es fácil no parar de trabajar. Es fácil trabajar a toda prisa y con mucha energía. Me gusta ser productivo y conseguir algo, pero he aprendido que no soy igual de creativo si no tomo tiempo de recreo. No soy igual de productivo si no he tenido un tiempo para reír con mi familia, para divertirnos juntos, y hacer ejercicio. Me despejo cuando hago ejercicio o juego al básquet. Cuando Victoria necesita despejarse se va de compras. Se va tres horas al centro comercial, no compra nada, y sale de allí fortalecida.

> *Todos somos diferentes. Haz lo que a ti te llene.*

Yo voy de compras, y en cinco minutos estoy vacío. Todos somos diferentes. Haz lo que a ti te llene. Haz lo que te haga volver a tener balance. Sé que mi hermano Paul se despeja haciendo crochet.

No eres Superman

Cuando Jesús estaba en la tierra sanaba a la gente, enseñaba en las sinagogas, edificaba a la gente, y pasaba tiempo con sus discípulos. Dondequiera que iba, había necesidades. Las personas se acercaban y le decían: «¿Puedes sanar a mi hijo? ¿Puedes venir a nuestra ciudad? ¿Puedo tocar el borde de tu manto?». Las personas demandaban constantemente de su tiempo y energías. Imagínate cómo se sentía. Como el Hijo de Dios, tenía poder, unción y sabiduría increíbles, mucho que ofrecer; sin embargo, a veces, cuando estaba cansado, las Escrituras dicen que se alejaba de las multitudes para irse a las montañas y estar a solas para poder renovarse. Se podía haber sentido culpable. «Hay muchas necesidades. Hay personas que sanar y leprosos que limpiar. No puedo tomarme un descanso». Pero Jesús sabía que tenía que cuidar de su templo. Por muy ungido que estés, te cansas. Por muy fuerte o inteligente que seas, o por muchos dones que tengas, te vacías. A pesar de todas las necesidades que te rodean, a pesar de que tus hijos, tu cónyuge, tu jefe y tus amigos cuenten con tu ayuda, tienes que tener esos tiempos de estar a solas y recargar baterías.

> *Si Jesús, el Hijo de Dios, tuvo que estar a solas y descansar, si Él no pudo suplir todas las demandas de las personas que lo rodeaban, ¿por qué pensamos nosotros que podemos estar disponibles todo el tiempo para todo el mundo?*

Si Jesús, el Hijo de Dios, tuvo que estar a solas y descansar, si Él no pudo suplir todas las demandas de las personas que lo rodeaban, ¿por qué pensamos nosotros que podemos estar disponibles todo el tiempo para todo el mundo? «No puedo decepcionarlos. Cuentan conmigo». He aprendido que el sol seguirá saliendo, aunque yo no consiga hacerlo todo. El sol seguirá saliendo, aunque no tenga a todos contentos. No te estás haciendo ningún favor a ti mismo si vives todo el tiempo sintiéndote vacío. A veces lo hemos hecho durante tanto tiempo, que no nos damos cuenta de que estamos viviendo muy por debajo de nuestro potencial.

No serás todo lo buen padre, cónyuge, líder o amigo que serías si no dedicas tiempo a alejarte. Siempre habrá necesidades, siempre habrá algo que hacer o alguien que quiera tu atención. Tienes que hacer que vivir con balance sea una prioridad en tu vida. Está bien vaciarse, trabajar duro, dar lo mejor de ti y estar ahí para las personas, pero no está bien estar todo el tiempo vacío. Tienes que volver a llenarte. Algunas personas viven desgastadas, secas y sin energía. No quieren defraudar a nadie. Estás disponible para todos menos para ti mismo. ¿Por qué no te tratas a ti mismo tan bien como tratas a los demás? Tienes que cuidar de tu templo. No eres invencible. Jesús tenía todo el poder del mundo, y a la vez conocía los límites de su cuerpo físico. Sabía cuándo era el momento de dedicar tiempo para recargarse.

La razón por la que algunas personas no disfrutan la vida es porque su cuenta está en déficit. Se les da bien dejar que las personas hagan reintegros de su cuenta. Trabajan duro, cumplen con las expectativas de todos y tienen a todos contentos, pero no tienen un sistema para poder recargarse. Cuando vives seco y vacío, no serás igual de productivo. No tendrás la resistencia suficiente para vencer los desafíos. No disfrutarás de tu familia como deberías. Habrá más disputas y conflictos. Te sorprenderías de lo que sucede cuando recuperas el balance y te priorizas a ti mismo. Suelta algunas de las presiones que tienes. Sí, amas a tus hijos, pero no tienes que ser un super papá o una super mamá. Tus hijos crece-

> *Te sorprenderías de lo que sucede cuando recuperas el balance y te priorizas a ti mismo.*

rán y se irán de la casa en algún momento, y entonces no te gustará mirar atrás y pensar: *No disfruté esos años. Estuve muy estresado y abrumado intentando ser todo para ellos, intentando estar a la altura de mis vecinos.* Si Jesús conocía sus límites, nosotros deberíamos conocer los nuestros. Sí, podemos intentar hacerlo todo, podemos intentar ser Superman, pero eso no es saludable. Quítate la capa y recupera el balance.

Dedica tiempo a recargarte

A veces el problema no es la expectativa de las personas, sino nuestra propia expectativa. Nos sentimos culpables si no hacemos todo lo que pensamos que tenemos que hacer, si no suplimos todas las necesidades de los demás. A fin de cuentas, creemos que tenemos la habilidad, el talento y la unción. Pero también tenemos un cuerpo físico, y como Jesús nos mostró, nuestro cuerpo físico tiene limitaciones. Jesús tuvo que apartarse para seguir siendo su mejor versión. Si Él hubiera vivido agotado, se habría timado a sí mismo. Lo mejor que podía hacer era recargarse. Tú necesitas tener tiempo regularmente para recargarte. No cometas el error de vivir la vida con una cuenta en descubierto. Si comienzas una nueva semana con déficit, esas mismas cosas vendrán a extraer algo de ti, pero no habrá nada, y es entonces cuando te abrumas y te frustras, porque no eres igual de productivo y tus dones no fluyen como deberían. No es difícil cambiarlo; simplemente recupera el balance. Comienza a apartar tiempo para ti regularmente para lo que te recarga, para lo que te recupera. Eso puede significar tener que decir no a algunas cosas. Tal vez tengas que decepcionar a algunos amigos y decirles: «No puedo estar ahí todos los lunes en la noche. Estoy en una nueva etapa». Quizá tengas que decir a tus hijos: «No pueden estar en diecisiete equipos de fútbol este año. Tendrán que conformarse con doce».

Cuando llegó la pandemia, nos obligó a todos a frenar la marcha. La mayoría de las personas no iban a trabajar ni viajaban. Algunas compañías aéreas cerraron. Los centros comerciales cerraron. La mayoría de las escuelas pasaron a la enseñanza a distancia. Todo se puso en pausa. Aunque hubo la trágica pérdida de muchas

> *No cometas el error de vivir la vida con una cuenta en descubierto. Si comienzas una nueva semana con déficit, esas mismas cosas vendrán a extraer algo de ti, pero no habrá nada.*

vidas, también hubo una parte buena que surgió de la pandemia, y es que cambió nuestras prioridades. Nos dimos cuenta de que hay vida más allá de trabajar todo el tiempo, intentar tener éxito y superar a todos. Vimos cuánto extrañábamos pasar tiempo con nuestra familia, disfrutando de las personas que amamos. En un sentido nos ayudó a recuperar el balance, a tener una nueva perspectiva de lo que es importante en la vida.

Desde 2004, Lakewood ha realizado más de doscientas Noches de Esperanza, en ciudades por todos los Estados Unidos. Cada mes viajábamos a varios estadios y canchas de básquet. Los eventos normalmente se realizaban los viernes en la noche, regresábamos a casa el sábado a mediodía, y teníamos nuestro servicio el sábado en la tarde y dos servicios el domingo. Escribo dos libros al año y hago mi programa de radio en SiriusXM todas las semanas. Me encanta todo lo que hago, pero no me di cuenta de lo mucho que todo eso me estaba costando. Cuando llegó la pandemia, todo cambió. No más eventos en la carretera. En lugar de tres servicios el fin de semana, grabábamos un servicio el viernes en la tarde sin gente en el auditorio. Yo llegaba, daba mi mensaje, y terminaba media hora después. En los veintitrés años desde que murió mi padre, nunca me había sentido tan descansado, y nunca había tenido tanta energía. Observé que mi vista se estaba empezando a nublar y ya no veía tan bien, así que fui al oculista y me hizo las pruebas típicas. Me dijo: «Joel, esto es muy extraño, pero la razón por la que ves borroso es porque ha mejorado tu visión. No ha empeorado; ha mejorado. Necesitas menos corrección en tus lentillas». ¿Quién sabe lo que sucederá si consigues vivir con balance?

No me daba cuenta, pero cuando estás teniendo muchos reintegros, cuando estás empleando mucha energía emocional siendo productivo, viendo tus dones aflorar, y ayudando a otros, tienes

> *Tienes que dedicar tiempo a recargarte emocionalmente, espiritualmente y físicamente.*

que asegurarte de tener muchos ingresos también. Tienes que dedicar tiempo a recargarte emocionalmente, espiritualmente y físicamente. Puede que tengas la inclinación y la pasión de trabajar todo el tiempo, pero cuando lo haces, estás entrando en déficit. Tu cuenta está baja, y eso empieza a afectar otras cosas como tu salud, tu creatividad, tus actitudes o tus relaciones. Vive con balance. Dedica tiempo a alejarte. Cada día tienes que dedicarte un tiempo a ti mismo para despejarte. Después, de modo regular, incluye en tu agenda lo que te llena. Haz de cuidar de ti mismo una prioridad en tu vida.

Puedes decir no

El apóstol Pablo debía viajar a la ciudad de Corinto y visitar a las personas de la iglesia que había comenzado allí. Anteriormente les había dicho que iría enseguida y ellos habían hecho planes para su visita. Pero Pablo tuvo muchas dificultades en Asia. Había tenido que lidiar con problemas y personas que vinieron contra él. Escribió en 2 Corintios: «Nos vimos presionados grandemente. Estuvimos tan abrumados que pensamos que perderíamos la vida». Este era el apóstol Pablo, que pasó años en viajes misioneros y plantando iglesias, diciendo que se sintió tan abrumado que no pensaba que pudiera continuar. Está claro que la visita de Pablo a los corintios requeriría una fuerza adicional por su parte, porque había problemas muy dolorosos dentro de la iglesia que tenía que corregir. Pero ya les había dicho que iría. Después de hacer este compromiso, surgieron desafíos inesperados. Podía haber pensado: *Tengo que cumplir lo que les prometí. Me están esperando. ¿Y si se enojan? ¿O si no me entienden?* Pero Pablo conocía sus límites. Sí, era poderoso. Sí, les había escrito: «Todo lo puedo en Cristo que me fortalece». Sí, oró y las puertas de la cárcel se abrieron de par en par, pero entendía el principio de que dependía de él cuidar de su bienestar físico y emocional. Sabía que no podría dar lo mejor de sí mismo si estaba vacío, seco, desgastado. Así que envió una carta diciendo realmente: «Siento no poder ir». Pudo haber tenido una mentalidad de héroe y decir: «Cuentan conmigo. Yo soy su referente. No puedo defraudarlos». Pero se quitó la capa y dijo: «No puedo hacerlo». Estaba diciendo: «Ustedes han visto al Pablo Superman. Ahora están viendo al Pablo humano. Estoy abrumado. Tengo que recuperarme, y cuando esté lleno de nuevo y me sienta saludable, completo y restaurado, les haré una visita».

Hay veces en que tienes que ser valiente como Pablo y decir: «No, no puedo hacerlo. Sé que puede ser duro para ustedes, y sé que he estado ahí en el pasado. Sé que les dije que lo haría, pero necesito un descanso. Tengo que recuperarme». Jesús lo hizo, y Pablo lo hizo. Está bien si tú también lo haces. No intentes ser Superman. Superman es un personaje

> *Jesús lo hizo, y Pablo lo hizo. Está bien si tú también lo haces.*

de ficción. Superman en la vida real habría sufrido un ataque de nervios. Está bien decir no. Es una de las palabras más poderosas que puedes aprender a usar. Sé que el sí es emocionante. Queremos hacerlo todo. «Sí, trabajaré hasta tarde. Sí, estaré ahí para ayudarte. Sí, me sacrificaré para que tú avances». Pero habrá veces en las que tendrás que decir: «Lo siento, pero tengo que cuidar de mí. Tengo que proteger mi salud. Tengo que dejar que la mente descanse. Tengo que liberar este estrés». A veces nos aferramos a cosas que nos abruman. Aquello a lo que no le dices no puede terminar matándote. Has ayudado a todos, así que ¿por qué no te ayudas a ti mismo? ¿Por qué no te priorizas?

No estoy hablando de vivir de forma egoísta. Estoy hablando de vivir con balance, reconociendo que tu bienestar físico y emocional depende de ti. Algunas de las personas por las que haces lo imposible, a las que ayudas haciendo grandes sacrificios, nunca están cerca cuando tú necesitas ayuda. Están demasiado ocupadas, tienen otras oportunidades. Sí, sé bueno con otros, sé de bendición siempre que puedas, pero también conoce tus límites. Si no puedes ser una bendición todas las veces, está bien. Si no puedes ir a Corinto, como le pasó a Pablo, tal vez la gente se enoje, o quizá intenten hacerte sentir mal, pero ellos no son responsables de tu salud. Ellos no darán cuentas de tu tarea. No es heroico intentar cumplir las expectativas de todos y perderte así tu propio destino.

> *No es heroico intentar cumplir las expectativas de todos y perderte así tu propio destino.*

Un amigo mío era un pastor muy exitoso. Viajaba por todo el mundo ayudando a las personas y hablando en grandes eventos, pero se vio tan inmerso en su llamado y las puertas que se estaban abriendo que no prestó atención a su salud. Sabía que estaba haciendo demasiado, que estaba corriendo estando vacío, mentalmente seco y físicamente agotado, pero nunca apartó tiempo para recargarse. No tenía un sistema implantado para poder recargarse. No puedes seguir dando, dejando que otros hagan reintegros de ti, y nunca hacer ingresos, ni poner nunca nada en ti sin que te hagas daño. Mi amigo se embarcó en un vuelo de regreso a casa de dieciocho horas. Estaba muy cansado, exhausto. El problema era que tenía otro viaje la tarde siguiente. Me dijo: «Sabía que no era físicamente posible que pudiera hacerlo, pero me había comprometido. Quería cumplir mi palabra». Se subió a ese avión y nunca volvió a ministrar. Tuvo un derrame cerebral, perdiendo el habla y sus habilidades motoras. No te estás haciendo ningún favor a ti mismo cuando no te cuidas. Si el apóstol Pablo pudo decir no, nosotros también podemos decir no.

Tú creas tu propio calendario

Esta es una clave: tú creas tu propio calendario. Tú decides lo que vas a hacer. No te comprometas con cosas que sabes que no son buenas para tu salud. Cuando salgo a hablar cada fin de semana, gasto mucha energía emocional. Físicamente puedo correr todo el día, pero emocionalmente hay una cantidad limitada. Por lo tanto, los jueves y los viernes no incluyo en mi agenda ni reuniones ni llamadas. Sé que daré mucho el domingo, así que tengo que recargarme. Si estoy lidiando con problemas durante esos días, intentando arreglar situaciones, planificando eventos y reuniéndome con personas, no podré dar lo mejor de mí el domingo. Tengo que apartar tiempo para estar tranquilo y así poder vivir con balance. Viviendo así es como más creativo y eficaz eres.

En estos tiempos hay más demandas que nunca para tu tiempo y atención. Todos quieren un pedazo de ti: anunciantes, televisión, el internet, redes sociales, escuela, trabajo, familia y amigos. Las personas compiten por tu atención, así que tienes que ser selectivo en cuanto a qué te comprometes. Cuando estás al límite, no puedes seguir añadiendo más cosas a tu calendario sin sacar de él algo. Pensamos: *También puedo hacer esto. Mi amigo quiere que vaya, y puedo meterlo en este pequeño hueco. Puedo escribir esta*

> **Las cosas buenas también te desgastan. Las buenas personas pueden vaciarte. Se trata de tener balance.**

proposición extra y aun así llegar al torneo de mi hijo. Tenemos buenas intenciones, pero es demasiado. Si no sabes decir no, te comprometerás en exceso. Puede ser para cosas buenas, pero las cosas buenas también te desgastan. Las buenas personas pueden vaciarte. Se trata de tener balance.

¿Es apropiado para la etapa en la que estás ahora? ¿Encaja con lo que ya tienes que hacer?

A Victoria y a mí siempre nos ha gustado el mundo de los bienes raíces. Si tenemos tiempo cuando vemos un letrero de una casa en venta, entramos a echar un vistazo. Es un pasatiempo. Hace un tiempo estábamos en otro estado y vimos un letrero de una casa. Recorrimos toda la casa y, mientras nos íbamos, el agente de bienes raíces nos dio las gracias por entrar y me pidió mi número para poder enviarme información de otras casas. Le dije: «No estamos interesados. Solo estamos echando un vistazo. No estamos considerando comprar». Él dijo: «De acuerdo, pero ¿me puede dar su dirección de email? Me gustaría incluirlos en nuestra lista de correo». No sé tú, pero yo no necesito más emails, más mensajes ni más llamadas de teléfono, porque ya tengo suficientes cosas demandando mi atención. Así que le dije educadamente: «No, gracias». Él dijo: «Está bien, pero al menos me puede dar su dirección postal para poder estar en contacto». Era muy persistente, lo cual es entendible porque su trabajo es vender. Yo soy buena gente, y no me gusta herir los sentimientos de nadie. Normalmente, hubiera cedido y le hubiera dado el email de mi hermano Paul, pero esta vez lo miré con una sonrisa y le dije: «Lo siento, pero no quiero que nadie me contacte». Salí de allí muy orgulloso de mí mismo. Nunca antes había hecho eso en mi vida. Me encanta decir sí, pero a veces para cumplir tu destino tienes que decir no. El apóstol Pablo dijo: «No, no puedo ir a Corinto ahora. Estoy demasiado cansado». Jesús dijo: «No, no puedo sanar a personas ahora. Tengo que alejarme y descansar». ¿Hay algunas cosas a

> *¿Hay algunas cosas a las que necesitas decir no?*

las que necesitas decir no? Tal vez son cosas buenas, pero no es la época correcta. Te está desgastando, robando tiempo y energía de las cosas importantes que tienes que hacer.

Salomón escribió en las Escrituras sobre una mujer que dijo: «Mis hermanos se enojaron conmigo; me forzaron a cuidar de sus viñas, así que no pude cuidar de mí misma, de mi propia viña». Estaba diciendo: «He tenido contento a todo el mundo. He accedido a todas sus demandas, he trabajado horas extra, he levantado la empresa, me he sacrificado por mis hijos, pero no cuidé de mí misma. No me preocupé de estar saludable». No cometas el mismo error. Has hecho de los demás una prioridad; está bien que ahora te priorices a ti mismo.

Mantén tu luz encendida

Hace muchos años atrás, había un faro situado en un tramo rocoso de la costa. El guarda, que era el encargado de mantener la llama ardiendo en la lámpara de aceite, recibía cierta cantidad de aceite una vez al mes. Su tarea principal era asegurarse de que el faro brillara con intensidad para ayudar a los marineros a guiar sus barcos de noche. El faro estaba cerca de un vecindario. Una noche fría, una anciana se acercó y le dijo al guarda que necesitaba aceite para su calefacción. El guarda se sintió mal por ella y le dio un poco de aceite. Después, un padre de familia llamó a la puerta y dijo que tenía una emergencia. Necesitaba aceite para su lámpara a fin de poder viajar durante la noche para conseguir medicina para su hijo. El guarda no se lo pensó dos veces puesto que era una ayuda para una buena causa, y le dio el aceite. Otro hombre llegó diciendo que se había quedado tirado y necesitaba aceite para lubricar el cilindro de su vehículo. El guarda sintió lástima por él y le dio el aceite. Cerca del final del mes, el abastecimiento de aceite para el faro se estaba agotando. Dio aviso a la ciudad para que supieran que necesitaba más aceite, pero antes de que llegara la nueva remesa, el aceite del faro se terminó y la luz del faro se apagó. Esa noche, un enorme barco se había desorientado por una tormenta y chocó contra las rocas. Cuando llegaron las autoridades, el guarda estaba muy pesaroso. Contó que había usado el aceite para ayudar a otras personas que lo necesitaban con mucha urgencia. Ellos le dijeron con mucha firmeza: «Se te dio el aceite con un solo propósito: mantener la lámpara ardiendo y la luz encendida».

A veces somos como este guarda: tenemos muy buen corazón. Queremos ayudar a la gente y estar a la altura de lo que esperan de nosotros, así que corremos de acá para allá para tener a todos contentos. Mientras tanto, nos quedamos vacíos. Nuestra luz se apaga. Te dieron el aceite con un solo propósito: mantener tu lámpara ardiendo y tu luz encendida, mantenerte saludable y fuerte. Si tu fuego se extingue, no puedes ayudar a otros. Si estás viviendo vacío, seco y sigues con la reserva, no estás brillando como deberías. Quizá logras hacerlo todo

> *¿Cuánta más luz, felicidad y distancia recorrida podrías tener si hicieras lo que hacía Jesús y de forma regular dedicaras tiempo a despejarte, a recargar tu tanque?*

y vas sobreviviendo, pero podrías hacer mucho más si llevaras una vida balanceada. ¿Cuánta más luz, felicidad y distancia recorrida podrías tener si hicieras lo que hacía Jesús y de forma regular dedicaras tiempo a despejarte, a recargar tu tanque? Eso significa cuidar de tu templo: físicamente, espiritualmente y emocionalmente. No eres invencible. Tal vez algunas personas creen que eres Superman. Eres fuerte, tienes dones, y parece que siempre estás bien; sin embargo, como el resto de los mortales, eres humano y necesitas despejarte.

Hay demasiadas personas que se están quemando. Se puede vivir durante un tiempo desbalanceado, pero al final eso estallará de algún modo. He oído decir que es más fácil mantener una buena salud que intentar recuperar la salud perdida. Vivir vacío te desgasta y afecta tu sistema inmune, así que tienes que quitarte la presión de encima, aprender a decir no. Puede que tengas que dejar de hacer algunas cosas buenas para mantenerte saludable. Te necesitamos aquí durante mucho tiempo, porque lo que tienes que ofrecer es maravilloso: tus dones, tus talentos, tu amor. Mantén tu luz encendida. Sí, sé bueno con los demás, pero no te olvides de ser bueno contigo. Si haces esto, creo y declaro que vas a sentir que te quitas un peso de encima. Vivirás más tiempo, serás más libre y estarás más sano. Tendrás mejores relaciones, más energía, y te convertirás en todo lo que Dios quiere que seas.

Conclusión

Sé que las palabras de este libro han caído en buena tierra, en personas fieles. Creo que estas palabras han echado raíces en la tierra fértil de tu corazón. Es mi oración que te veas como Dios te ve: bendecido, fuerte, saludable, lleno de energía y lleno de gozo. Empieza a hacer planes para vivir una vida larga y saludable. Hay cosas en el ámbito espiritual que se han puesto en movimiento en tu vida, y esto es solo el comienzo.

Puedes ser más feliz, puedes estar más saludable, puedes tener mejores relaciones, puedes liberarte de cualquier cosa que te esté reteniendo, pero tienes que hacer tu parte. Todo comienza cuando haces planes para vivir cada día con gozo, lleno de vida, saludable y productivo. Toma la decisión de vivir cada día con entusiasmo. Toma la decisión de comenzar cada día esperando cosas buenas, persiguiendo los sueños que Dios te ha dado.

Cada mañana cuando despiertes, piensa en todo aquello por lo que puedes estar agradecido. Comienza el día con agradecimiento y alabanza. Comienza el día en fe. Comienza el día creyendo que serás tu mejor versión. No arrastres los días negativos del pasado a este nuevo día. Suelta cualquier amargura, perdona a las personas que te ofendieron, y libérate de cualquier decepción. No dejes que esas toxinas se amontonen.

Cada día, entrena tu mente para estar en paz. Entrena tu

mente para mirar el lado bueno de las cosas. Entrena tu mente para ver lo positivo. Magnifica a tu Dios, y nunca tus problemas. Vive con gozo, ríete a menudo, disfruta incluso de las bendiciones más pequeñas, y reducirás así los efectos del estrés de cada día. Recuerda que no hay nada más poderoso que las declaraciones positivas que hagas sobre tu vida. Durante todo el día, sigue declarando: «Estoy bendecido, soy próspero, tengo salud, tengo talento, soy creativo y sabio». Para vivir más tiempo y más saludable, te recomiendo que hagas esta declaración para las batallas de la vida: «Declaro el favor sobrenatural de Dios sobre mi vida. Lo que no pude hacer que suceda por mí mismo, Dios hará que suceda por mí. Ya están en camino oportunidades sobrenaturales, sanidad, restauración y logros. Estoy siendo más fuerte, más saludable y más sabio. Descubriré talentos que no sabía que tenía, y alcanzaré el sueño que Dios me ha dado. Esta es mi declaración».

Hoy es un nuevo día. Dios está soplando nueva esperanza en tu corazón y nueva visión en tu espíritu. Él es tu gloria y quien levanta tu cabeza. Mira hacia arriba con una visión fresca, y Dios hará contigo lo que le prometió a David. Pondrá un canto nuevo en tu corazón. No irás arrastrándote por la vida derrotado y deprimido. Volarás alto por la vida lleno de gozo, lleno de fe y lleno de victoria.

RECONOCIMIENTOS

En este libro presento muchas historias que me han contado amigos, miembros de nuestra congregación, y personas que he conocido por todo el mundo. Agradezco y reconozco sus aportaciones y su apoyo. Algunas de los mencionadas en el libro son personas a las que no he conocido personalmente, y en algunos casos, hemos cambiado los nombres para proteger la privacidad de los individuos. Doy honra a todos aquellos a quienes se les debe honra. Como hijo de un líder de una iglesia y siendo yo mismo pastor, he escuchado incontables sermones y presentaciones, de modo que, en algunos casos, no puedo recordar la fuente exacta de una historia.

Estoy en deuda con el maravilloso personal de la Iglesia Lakewood, los grandiosos miembros de Lakewood que comparten conmigo sus historias, y con todos aquellos en todo el mundo que apoyan generosamente nuestro ministerio y hacen posible que llevemos esperanza a un mundo necesitado. Estoy agradecido con todos aquellos que siguen nuestros servicios por televisión, el Internet, Sirius XM, y los podcasts. Todos ustedes son parte de nuestra familia de Lakewood.

Doy un agradecimiento especial a todos los pastores en el país que son miembros de nuestra red Champions Network.

Una vez más, estoy agradecido por un equipo maravilloso de profesionales que me ayudaron a producir este libro. A la cabeza de ellos está mi editora en FaithWords/Hachette, Daisy Hutton, junto con los miembros del equipo Patsy Jones y al equipo de FaithWords. Agradezco sinceramente las aportaciones editoriales del lexicógrafo Lance Wubbels.

También estoy agradecido con mis agentes literarios Jan Miller Rich y Shannon Marven de Dupree Miller & Associates.

Por último, aunque no menos importante, quiero agradecer a mi esposa Victoria y a nuestros hijos, Jonathan y Alexandra, quienes son mis fuentes de inspiración diaria, y también a nuestros familiares más cercanos que sirven como líderes de nuestro ministerio día a día, incluida mi mamá, Dodie; mi hermano, Paul, y su esposa, Jennifer; mi hermana, Lisa, y su esposo, Kevin; y mi cuñado, Don, y su esposa, Jackelyn.

¡Queremos saber de ti!

Cada semana concluyo nuestra emisión internacional de televisión dando a la audiencia la oportunidad de hacer a Jesús el Señor de sus vidas, y me gustaría ofrecerte a ti esa misma oportunidad. ¿Estás en paz con Dios? Existe un vacío en el corazón de cada persona que solamente Dios puede llenar. No estoy hablando de unirte a una iglesia o encontrar una religión. Hablo de encontrar vida, paz y felicidad. ¿Quieres orar conmigo hoy? Simplemente di: "Señor Jesús, me arrepiento de mis pecados. Te pido que entres en mi corazón, y te hago mi Señor y Salvador".

Amigo, amiga, si hiciste esa sencilla oración, creo que has "nacido de nuevo". Te animo a que asistas a una buena iglesia que se base en la Biblia y mantengas a Dios en el primer lugar en tu vida. Para recibir información gratuita sobre cómo puedes fortalecerte en tu vida espiritual, por favor, siéntete libre para contactarnos.

Victoria y yo te amamos, y estaremos orando por ti. Estamos creyendo por lo mejor de Dios para ti, para que veas cumplirse tus sueños. ¡Nos encantaría saber de ti!

Para contactarnos, escribe a:

Joel y Victoria Osteen
PO Box #4271
Houston, TX 77210

O puedes encontrarnos en el Internet en www.joelosteen.com.